JEFFERSON

自由的真谛

杰斐逊自传

〔美国〕杰斐逊 ◎ 著
Thomas Jefferson

付超华 杨润丽 ◎ 译

江苏凤凰文艺出版社
JIANGSU PHOENIX LITERATURE AND ART PUBLISHING, LTD

图书在版编目（CIP）数据

自由的真谛：杰斐逊自传 /（美）托马斯 • 杰斐逊著；付超华，杨润丽译. — 南京：江苏凤凰文艺出版社，2018.5

ISBN 978-7-5594-1477-9

Ⅰ. ①自… Ⅱ. ①托… ②付… ③杨… Ⅲ. ①杰斐逊(Jefferson, Thomas 1743-1826)—自传 Ⅳ.①K837.127=41

中国版本图书馆 CIP 数据核字(2017)第 302837 号

书　　名	自由的真谛：杰斐逊自传
著　　者	（美）托马斯 • 杰斐逊
译　　者	付超华　杨润丽
责任编辑	孙金荣
出版发行	江苏凤凰文艺出版社
出版社地址	南京市中央路 165 号，邮编：210009
出版社网址	http://www.jswenyi.com
印　　刷	江苏扬中印刷有限公司
开　　本	890×1240 毫米 1/32
印　　张	5.5
字　　数	145 千字
版　　次	2018 年 5 月第 1 版　2018 年 5 月第 1 次印刷
标准书号	ISBN 978-7-5594-1477-9
定　　价	25.00 元

（江苏凤凰文艺版图书凡印刷、装订错误可随时向承印厂调换）

目录

序言 / 1

第一部分　自传

第一章　家族故事 / 3

第二章　唤醒民众 / 8

第三章　起草宣言 / 18

第四章　州际辩论 / 39

第五章　废除特权 / 51

第六章　建立政府 / 59

第七章　选民代表 / 72

第八章　崛起之路 / 84

第九章　革命前兆 / 94

第十章　反终身制 / 102
第十一章　法国革命 / 110
第十二章　任国务卿 / 135

第二部分　附录

《独立宣言》 / 141
《英属美利坚权利概观》 / 150

序言

托马斯·杰斐逊先生的自传是民族文学中的一部分，这不仅仅是因为他在弗吉尼亚州共和党事务当中的作为，及其在开国几届政府当中做出的杰出贡献，还因为，其卓越的性格、卓绝的想象力、过人的智慧和热忱的爱国情怀，使得他成为了美国历史上的一大伟人。

即便其同时期或其身后，他的那些认为其理论有违国家利益的最激烈的反对者，也准备好承认他的所作所为都是为了美国人民的福祉，并且承认杰斐逊理应身居美国伟人之列。

自传的独特价值不在于其对于事实的陈述或记录。非自白的方式可能能更加准确地展示主角行为背后的动机。实际上，不难发现，自传人对于自己早期经历的回忆通常情况下往往不如他同时期的人留下的记录可信。自传的作者往往不仅仅会对他的记忆感到困惑，还往往受到虚荣心或人性欲望的驱使，而美化自身的所作所为，高估自己的贡献。由于作者性格和脾性的不同，自传在可信度上当然也会有所区别。没有别的传记能够像日记或自传这样能够完好地记录一个人的性格。一个人的性格和天性不仅仅体现在他愿意对外展示的行为和动机，更体现在他选择保持沉默的行为上。

写于晚年的自传作品还能够反映作者观点的改变，性格的发展，和信念、信仰、理想的转变。而当一个人经受了岁月的积累，再回望，描述其年轻时期的作为，即便描述中没有批评或细节分析，也能够体现出一个人青年时期和成熟时期所展现出的不同人格。

而遗憾的是，杰斐逊总统写于1821年，在他七十七岁高龄时开始创作的自传，仅仅记录了他到1790年6月29日之前的生平。从1743年到1826年，他的一生见证了殖民地的发展，见证了革命战争时期的艰苦岁月，也见证了政府重组的重要阶段。杰斐逊先生对于华盛顿总统第二个任职期及亚当斯执政所持有的观点有着特殊的意义。而杰斐逊总统在其1801年到1809年两届任期，他的想法对继任者詹姆斯·麦迪逊（曾被英国侵略者赶出国会大厦），以及詹姆斯·门罗管理事务及其政务表现都有历史价值和个人利益。

实际上，很幸运，杰斐逊的生平在纸张中得以保存，这本自传的价值和意义毋庸置疑。自传在交代了杰斐逊的家族之后，开始论述其生平的重要事件，直到大革命。毫无疑问，在这些事件中，杰斐逊的领导才能发挥了重要的作用。1774年，杰斐逊代表殖民地发表了《英属美利坚权利概观》。他在自传中记述了册子之后流传到英国，并且被伯克先生和他的同伙利用，着重添加了内容，且被出版了多版。

杰斐逊声称启动通讯委员会这件事不应该归功于马萨诸塞州而应该归功于弗吉尼亚州。从1773年开始，便由他带头开始了委员会的工作。而关于起草《独立宣言》的记录，相信在这件事情上，杰斐逊自传中给出了最权威的记录。

在后期有关宪法的讨论中，杰斐逊支持各州代表数量参照人口或投票人口数量，按比例分配。他不认为在议会中，一个人口只有一万的州与一个有五万人口的州享有同样代表权利。人口小州，如罗德岛州、特拉华州，对于政府可能被大州，如宾夕法尼亚州、弗吉尼亚州、纽约州等控制的嫉妒和担忧也是显而易见的，因此在上议院保留各州同样的代表数量也是合理的。也有人认为，不按人口比例分配代表的恶行至少应该限制在最初几个州的范围之内。但较近的历史中，我们不难发现更大的不公平仍存在着，拥有七万人口的内华达州在参议院当中也仅有两个席位。这是由参议院通过的决定，也是政府通过的决定，目的便是为了施行某些财政政策。

1787年，杰斐逊被任命为美利坚合众国驻巴黎大使，因此之后的一段记述的主要是法国大革命时期，他对于革命开始原因和事件的回顾。

美国历史学学生不会忘记以亚历山大·汉密尔顿（附）为首的倡导建立强有力的中央政府这一派人，与害怕中央集权专制出现，而更倾向于各州保有自己独立权利的一派人之争。后者以杰斐逊为代表，他们宁可放弃作为一个国家的实力和效率，也不愿看到中央集权的产生。

1789年在汉密尔顿影响力下通过的宪法，是他对杰斐逊的观点妥协的重要证明。其中有些妥协为之后共和党的历史当中造成了令人困扰的结果。在诸多影响当中，我应当指出，其中包括在那些仍可以拥有奴隶的政策，也就是说，在南方，他们拥有新的资本。因此对于在议会中的奴隶主来说，他们可以把他们的奴隶当作是自己的选民。这直接导致了在之后的多年内，南方在众议院当中人数一直处于上风，这也就间接导致迟迟没有行动来给各州权力以限制奴隶制的存在。

乔治·哈文·普特南

1914年1月于纽约

第一部分　自传

第一章　家族故事

七十七岁之年，我开始想写回忆录，陈述生平所经历的事情，以便日后家族参考，留档。

我的家族来自威尔士，祖先曾生活在靠近斯诺登山的地方，斯诺登是英国的最高山峰。我曾在威尔士的一份法律文件上看到了杰斐逊这个姓氏，另一个同样的名字则来自弗吉尼亚公司的秘书。在英国看到杰斐逊这个姓氏，仅此两次。在早期的记录当中我找到了佐证，但是我的祖先当中却没有人在弗吉尼亚公司做秘书，倒是有人在该公司工作过。他在1619年乘博纳诺瓦号到达弗吉尼亚。

我的祖父生活在切斯特菲尔德一个叫奥兹波尔的地方，并拥有该教区的土地。他有三个儿子，托马斯，少年夭折；菲尔德在罗诺克河边安了家并有无数个后代；还有我的父亲皮特，在沙德韦尔成家，至今我还拥有着那片土地，与我现在住的房子相毗邻。我的父亲出生在1707或1709年的2月29日，1739年，他与十九岁的简·伦道夫——艾沙姆·伦道夫（Isham Randolph）的女儿结为夫妻。他们的家族能够追溯到英格兰和苏格兰，其后人顺应了他选择的信仰和美德。

我的父亲从未接受良好的教育，但是他个人意志坚定，富有判断力，对知识又充满渴望。因为读了很多书，他得到了极大的自我提升，也因此，约书亚·弗里（Joshua Fry）雇用我的父亲来为他绘制弗吉尼亚和北加利福尼亚之间的边界线。这一项目是由科洛·伯德（Colo Byrd）发起的，随后弗里先生再次雇用我的父亲和他一起制作弗吉尼亚的第一张地图，毕竟，史密斯上尉绘制的弗吉尼亚地图也只是推测出来的草图。他们为那片蓝色山脊下富饶的物产而感到着迷；那时候，山脊上面还鲜有人探索过。约1739年，我的父亲是第三或第四个移居到我居住的村庄的人。

他于1757年8月17日去世，之后，我的母亲一直寡居，直到1776年离世为止。他们抚育了六个女儿，两个儿子，我则是家里的长子。父亲将詹姆士河边的一处房产留给了弟弟，为了纪念家族发源的地方，父亲将其命名为斯诺登小屋。而留给我的则是我出生和居住的那片土地。我五岁的时候，他把我送到了英语学校学习，九岁时送到了拉丁语学校，直到父亲去世。

我的老师，道格拉斯先生（Mr. Douglas），是一位来自苏格兰的牧师。他略懂拉丁语和希腊语，除了教我以上两门语言的基础知识之外，他还教我法语，一直到我父亲去世，我都是他的学生。之后，我向毛里牧师（Mr. Maury）求学，他是一个纯正的古典学派学者，在他门下经过两年的教育之后，也就是 1760 年春天，我继续到威廉-玛丽学院学习，那两年的学习是我整个人生的一笔财富，甚至确定了我人生发展的轨迹。

威廉·斯莫尔博士（Dr. Wm. Small）当时是数学教授，他精通科学领域的各个学科，视野开阔，充满风度，且善于与人交往。让我开心的是，不久之后，斯莫尔教授便十分喜欢我，并时常在课余时间让我陪伴他左右。从他的谈话当中，我开始了解我们所生活的世界的科学、体系和一切。幸运的是，很快哲学教席便有了空缺，因此校方任命斯莫尔教授任职，于是，他成了学校第一个上伦理学、修辞学和纯文学的常任教职人员。1762 年，他回到了欧洲，在他回去之前，他尽最大的努力帮我铺好了后路。他把我介绍给了他的挚友乔治·韦瑟（George Wythest），之后我便师从韦瑟学习法律。除此之外，斯莫尔还把我引荐给法奎尔总督（Governor Fauquier）和他的朋友们。法奎尔总督在历届总督当中最德高望重。法奎尔总督、斯莫尔博士和韦瑟先生以及我，我们四个人逐渐形成了一个“四人集团”，时常在一起谈天说地。我从谈话中受益匪浅。在我的青年时期，韦瑟先生一直是我可靠的朋友，崇敬的恩师，他是我一生当中最亲密的朋友。1767年，韦瑟先生带我进入了大法院进行律师实践，直到革命爆发，法院被迫关闭为止。

1769年，我被州内选为州议会的成员，履职直到革命爆发，议院被强迫关闭为止。此间，我曾提出解放奴隶这一议题，但被否决了。确实，在当时王室的统治下，任何自由主义的想法都是不可能被允许的。我们的想法都被习以为常的观念束缚着，我们坚信在政府统治方面，我们应该无条件服从我们的母国，我们的努力应该是符合大不列颠帝国的利益的，甚至，我们固执地排斥除了帝国的宗教之外的宗教信条。

我们的议员提出的异议并不是出自思考和信念，而是出于习惯和绝望。很快，实践证明，一旦要求他们思考，他们的注意力首先便会放在权利上。在国王议会（相当于另一个立法院），议员们完全服从于国王的意志。就连拥有终身任命的否决权的总督也是如此，甚至他表现出的忠诚更甚。因此，国王拥有的否决权堵上了改良希望的最后一扇门。

1772年1月1日，我与玛莎·斯科尔顿（Martha Skelton）结为夫妻，那年她二十三岁，是巴瑟斯特·斯科尔顿（Bathurst Skelton）的遗孀，是约翰·韦勒斯（John Wayles）的女儿。韦勒斯先生是一位经验丰富的律师，因其在工作中精准的辩驳和充分的准备而受认可，在行业中表现卓越。

他是非常好的同伴，幽默而风趣，受到所有人的欢迎。他于 1773 年 5 月去世，留下了一笔可观的财产，在他的三个女儿之间分配，最终，在清算之后，我的太太获得了和我数量相当的遗产，因此，我们的生活变得宽裕起来。

第二章　唤醒民众

1765 年，反印花税议案提出的时候，我还只是威廉斯堡法学院的一名学生。我去聆听了那一场辩论，尽管只是在下议院门口，却有幸听到了亨利先生精彩绝伦的演讲。亨利先生（Mr. Henry）的演讲优于我之前听到过的任何一个。对于我来说，他的演讲就像荷马史诗当中的诗文一样完美。另一名议员，约翰逊先生（Mr. Johnson）也是一名律师。他进一步陈述了这个议案，详细地解释了议案所涉及的知识和逻辑。

关于我的这部分的回忆，在沃特先生的著作《帕特里克・亨利传》的第 60 页可以读到。

1769 年 5 月，总督波弗特勋爵（Govr. Ld. Botetourt）召开了一次立法机构的集会，而我也参与了这次会议。我从会议上了解到1768—1769年英国议会关于马萨诸塞联合决议以及给国王的呈文，几乎是全票通过了。

之后，总督便解散了会议。但是隔天，我们这群人自发在罗利客栈的阿波罗房内见面，开始了会议并起草了文件，其中规定了不购买任何从英国进口的商品等条款。我们签署草案后，将其推广。

之后，相当长的一段时间内，没有任何令人兴奋的事情发生，好像我们的同胞根本不知道我们身在什么样的处境当中。茶叶税仍然没有被废除，而是以法律的形式附加在我们身上，是我们无论如何都摆脱不了的枷锁。但是1762年在罗得岛成立了一个调查法庭。1773年春，人们便开始讨论这一项政策的合理性，这花费了大家不少的精力。我、亨利先生、理查德·亨利·李（R. H. Lee）、弗朗西斯·L. 李（Francis L. Lee）和卡尔先生等人，并没有顾及昔日领导者的关注和热情，晚上九点在罗利的一个包房里相聚，共商国是。可能还有其他几个人，我现在已经想不起来了。

我们都认为，当务之急便是所有的殖民地都需要达成一致，认可英国发出的索赔是对所有殖民地的压迫。在这一点上，我们必须相互协作：为了达到这一目的，在各个殖民地建立通讯委员会将会是最好的互相联系的手段。那么，需要采取的第一步措施便是各地选出一名代表，在某一个集中的地方召开会议，以此来决定殖民地各地应当采取的共同方略。因此我们起草了一份议案，这份议案可以在沃特的书《帕特里克·亨利传》第87页看到。

与会的成员希望我能够动议决议，而我则推荐了我的妹夫兼好友卡尔先生，当时他刚加入其中，我希望他能够得到一个在议会当中展示自己能力和才华的机会。最终我们达成一致，由卡尔来负责，全体一致通过之后，通讯委员会便成立了，并由佩顿·伦道夫（Peyton Randolph）担任委员会主席。然而，很快，这个委员会便被当时的总督邓莫尔勋爵取缔了，但隔天委员会成员便开会讨论，准备给各个殖民地的发言人发去通知信函，信函当中还附上了议案的副本，由各地的负责人以快件形式寄出。马萨诸塞州声称建立通讯委员会的创意是他们想出来的，而马歇尔的著作《华盛顿传》也认可了这一错误，尽管他书的附录中显示他们所谓的通讯委员会只限于他们所在城镇的内部。

关于这一事件的讨论可以在塞缪尔·亚当·威尔斯（Samuel Adams Wells）在1819年4月2日给我的信件以及我5月12日的回信当中可以看到。威尔斯先生的信件更正了我的认知，正如在书中87页所说，马萨诸塞州和弗吉尼亚州的信使在传递相似的主张时相遇。因为威尔斯先生说马萨诸塞州直到在他们下一场会议接到了我们的提案之后才采取这样的措施。因此，他们传递给我们的信息一定是关于别的事情的。因为，我仍记得伦道夫告诉我两方的信使相遇了。

后来又颁布了波士顿法案，要求1774年6月1日关闭波士顿港，这件事激起了我们对于马萨诸塞州的广泛同情。这件事发生在我们开春季会议期间。当时领导讨论这些议题的已经不再是之前的老成员了。亨利先生，R. H. 李，Fr. L. 李，其他三四个成员，我已经记不起名字了，还有我，我们一致认为在这个问题上，我们必须立场明确地跟马萨诸塞州站在一起。为了方便使用委员会的图书室，我们决定在委员会会议室见面共商事宜。

我们都坚信，是时候该将广大的民众从昏幽的蒙昧状态中唤醒了。同时，我们也都一致认为，应该规定某天为斋戒日或祈祷日，这样更容易引起人们的注意和警觉。

1755年之后，民众始终没有从痛苦之中缓过神来，不过，所幸新的一代已经长起来了。因此，我们仔细研究了罗什沃斯先生的著作，找到了其中记录的当时清教徒所举行的具有革命性质的先例和仪式。我们专门制定了一项决议，使得表达用语更现代化一些，并把6月1日——港口议案实施的这天定为了禁食、忏悔、祈祷的日子。通过这样一个节日，一方面向上苍祈求让我们远离战争梦魇的庇护，一方面希望改变英国国王和议会的心意，能够更加公平地对待我们。

为了能够更明确地体现出我们的立场，我们决定第二天一早就去拜访尼古拉斯先生（Mr. Nicholas）。他对宗教的态度既严肃又虔诚，因此，与我们所决议的基调非常一致，我们希望能够招揽尼古拉斯先生来帮我们推动决议的进程。

我们早晨找到他后，当天他便赞成这项决议，于是，这一决议在没有任何反对声中便被通过了。但是，总督还是一如既往地把会议解散了。

与之前一样，我们又撤回了阿波罗厅，然后联合起来督促通讯委员会向其他殖民地的代表发出提议，既为了更方便更直接的沟通，也为了集体的利益，每年都应该举行全体大会。同时，我们正式宣布，对于我们当中任何一个殖民地的进攻，都算作是对于所有殖民地的侵犯。

当时是 5 月，我们又督促其他几个郡选举代表去参加 8 月 1 日在威廉斯堡的代表大会，也希望各个殖民地可以派遣特别代表来参加会议。通讯委员会也普遍接受这一做法。于是，最终决定 9 月 5 日，代表大会在费城召开。

回到家后，我们邀请各自郡县中的神职人员在 6 月 1 日这天参加人民的集会，并主持仪式，同时，我们向他们解释了目前的局势。人们基本上都参加了仪式，能看得出他们脸上的焦虑和恐慌。那天的影响很快波及到整个殖民地，每个人的内心都有所震动。

基本上，他们都选派了代表来参加会议。而我则有幸成为了我们郡的代表，因此我准备了在议会当中呈给代表们的说明，同时也要在会议当中向大家做报告。在报告当中，我主要提出的便是针对英国与各个殖民地之间的关系，应该跟詹姆斯国王继位，到英格兰与苏格兰变为联合政府是一样的。（拥有相同的最高首领，但在政治上没有其他的联系；作为从英格兰移民至此的人民，不会给其高于我们的权利，就像英格兰和汉诺威王朝一样。）

然而在这一点上，只有威思先生（Mr. Wythe）一个人赞同我的观点。实际上，在我提出我们与英国之间关系这个话题的时候，我们的观点就是一致的。而其他爱国者们——伦道夫、李氏兄弟、尼古拉斯、派乐敦（Pendleton）都赞成约翰·迪金森（John Dickinson）提出的想法：承认英国有权利掌控我们的贸易，也可以为了管理而向我们征税，但不能为了增加收入而向我们征税。不过这个折中的办法并没有协定依据，也不符合常理：因为放弃国籍，在任何国家，任何时代都是一种自然的权利。在大会召开前几天，我便向费城出发，但是由于在路上染上了痢疾，最终便没有成行。

因此，我将两份我的演讲稿的手抄件寄到了威廉斯堡，一份寄给了佩顿·伦道夫，据我所知，他是大会的主持；另一份寄给了帕特里克·亨利（Patrick Henry）。但，不知道亨利先生是由于不赞成我的观点，还是懒于阅读（因为他是我所知道的最懒于阅读的人），这些我便不得而知了，他并没有跟任何人提到这件事。

而佩顿·伦道夫在大会中提到他收到了一份来自一位因

疾病而无法到场的代表的文件，并把文件放在了桌子上，供代表们阅读。绝大多数的代表都读了我的文件，其中也有很多人表示赞同，但是在他们看来，我的看法对于当时的境况来说还是有些太大胆了。最终，他们将我的文件印成了小册子，并命名为《英属美利坚权利概论》。之后，这本册子便被传到了英格兰，并吸引了反对派的注意，伯克先生（Mr. Burke）对其中的一小部分内容进行了篡改，以配合反对派的目的。册子便以这样的形式火速被重复出版了几次。这些信息，我是从赫特牧师那里听到的，他当时恰好在伦敦，履行他的神职。之后，他告诉我，我因为这本小册子，被列在了英国议会颁布的一份长长的黑名单上，附于一项剥夺财产权和公民权的法案之后，由于紧接着发生的草率而仓促的事情，反而给了他们警告，使得这件事最终没能成行。蒙太古先生，是下议院驻英格兰的代表，他从法案中摘抄出了那份名单，寄给了佩顿·伦道夫。

我记得，那份名单里大概有二十人，但目前我能想起名字的也只有我自己和两个姓亚当斯的人，以及佩顿·伦道夫和帕特里克·亨利。大会于8月1日召开，这也进一步加强了殖民地之间的联系，代表们无论是措辞还是行事都有理有节，在规定的时间到达了费城。众所周知，第一届大陆会议十分精彩，将会名垂青史，在这里我就不做赘述了。

10月26日，大陆会议结束了议程，并决定在次年5月举办下次大陆会议，参会代表将再次聚首。考虑到主席与会议的发言人佩顿·伦道夫先生有可能无法成行，大会将我的名字加入到了代表团成员名单当中。伦道夫先生因为要去参加于1775年6月1日由邓摩尔勋爵召集的全体大会而辞去了大陆会议主席一职。

诺斯勋爵提出了十分缓和的主张，也符合大会的主题，最终被总督接受了。伦道夫先生如期参加了会议，参会的官员都知道了那些主张。伦道夫先生最关心的是我们集会的回复是否与他刚离开的组织的意见和愿景一致。他担心尼古拉斯先生的思想跟不上时代的前进速度，于是把负责回复的任务交给了我。

我接受了任务，尽管尼古拉斯先生和詹姆斯·莫西尔先生（James Mercer）颇有怀疑，并且给我泼了些冷水，但在伦道夫先生的帮助下，我写出的主张被大会一致通过了。在提案被通过之后，我立马又前往费城，向议会提交了第一版公告。议会立马通过了该公告。同年6月21日，我也加入了议会当中。24日，议会任命了一个委员会，专门起草声明，用来说明发动武装起义的理由，与报告一起提交到了议会（我记得是小拉特利奇撰写的），议会认为不妥，于是26日他们再次提交了声明，迪金森先生和我一起被加入到了委员会当中。委员会当时并没有召开会议，而议会召开的时候，我恰巧在W.利文斯顿总督（Govr W. Livingston）旁边，于是就向他提议由他来起草文件，他却推辞了，并推荐我来负责这件事。

当我再三迫切地向他发出请求，总督说道：“先生，我们也只是刚刚认识而已，你为什么这么迫切地希望由我来做这件事呢？”我说：“因为，有人告诉我是您起草了《致大英帝国人民书》，那绝对是美洲最出色的文章了。”而总督先生却回复道：“如果这么说的话，那你一定是听到了错误的消息。”我在弗吉尼亚的时候，从科洛·哈里森那里听来的消息，他当时刚从议会回来。李、利文斯顿总督和杰当时都在起草委员会。刚开始，是由李来起草的，但是在议会没有通过，所以又再次提交。第二次是由杰起草的，由利文斯顿总督提交的，所以科洛·哈里森便以为文件是总督起草的，导致了这样的一个错误。第二天早上，议院里，议会还没开始，许多议员已经到了。我看到杰跟李谈话，随后把李引到了我面前。杰跟我说：“先生，我知道，是李告诉你是利文斯顿总督起草的《致大英帝国人民书》。”

于是，我立马向他保证，我所知道的消息不是李先生告诉我的。而李先生和我也没有进行沟通，关于这个话题，聊了几句之后就搁下了。他们两个人之前有一些冲突，因此后来，彼此之间一直有敌意。后来，我又准备了一份新的独立宣言草稿上交，而这份文件对于迪金森先生来说，言辞仍然过于激烈了。他仍然期待着能和母国和解，因此，他觉得言辞应该柔和一些。

迪金森先生是个诚实人，也是个有本事的人，即便是不能感受到他顾虑的人也能支持他。因此，我们请他来负责修改草案，改到他能够接受为止。确实，他也是这么做的，他基本上将之前的版本一半的内容都进行了改动，只保留了最后的四段。我们通过了文件，并将其呈交给了议会，议会接受了草案。这一方面显示了议会对于迪金森先生无条件的支持，另外一方面，也说明了议会不希望我们的脚步太快，于是同意让迪金森先生按照自己的想法起草呈交给国王的请愿书，之后请愿书基本没有经过任何改动，便被议会通过了。这一卑微的举动，引起了人们普遍的反感。他们愿意一致通过这个请愿书只是为了让迪金森先生开心。尽管后来发现，通过的选票实际上是颠倒了的，但是这并没有阻止迪金森先生表达他的满足感，并总结道："总统先生，在这封请愿书里，只有两个字我是不同意的，那便是'议会'这两个字。"而本·哈里森先生则提出，在这封请愿书当中，只有一个词是他同意的，那就是"议会"这两个字。

7月22日，富兰克林博士（Dr. Franklin），亚当斯先生，R.H.李先生以及我本人，被任命组成一个委员会来讨论，报告诺斯爵士的调停方案，弗吉尼亚集会关于这件事情的讨论已经被通过了。委员会要求我来准备这份报告，这可以解释为什么这两份报告中有诸多相似之处。

第三章　起草宣言

1776 年 5 月 15 日，弗吉尼亚会议通知其代表在议会当中提出殖民地脱离大英帝国独立存在的提案。同时，任命了一个委员会来准备权利宣言以及成立政府的计划。1776 年 6 月 7 日，那是个星期五，来自弗吉尼亚的代表遵从指示，认为议会应该宣布这些联合的殖民地拥有权力，它们应该脱离与大英帝国的联系，成为独立的国家。也就是说，这些殖民地国家与大英帝国之间的政治联系也应该完全消失。同时，我们应该采取积极的措施获得国外力量的支持，从而在各个殖民地之间形成一个紧密联系的联邦政府。

为了讨论 R.H.李先生提出来的议案，即我们宣布独立自主的问题，当天议会一直开到了晚上七点。而议会当中比较敏感的一部分则反对这个议案——他们不反对拟定一个协议，并派遣合适的人选到法国去，从而在大陆上形成同盟。他们不认为《独立宣言》有什么明智之处。

一直到议院不得不停止处理别的事务为止，随后议会要求成员们隔天十点准时开会，继续讨论这个提案。6月8日，星期六，议员们继续这一话题，并提出由一个委员会全权处理这个问题，委员会当即就决定通过议案。6月10日，他们接着对这一问题展开了辩论。

当时提出反对意见的主要是威尔逊、罗伯特·R.利文斯顿（Robert R. Livingston）、鲁特赖齐（E. Rutledge）和迪金森等人。他们反对这一行动，尽管他们知道我们再也没有可能和英国保持统一了，他们仍然反对在这个时候采取这样的行动。他们认为我们过去采取的方式是明智正确的，他们认为在群众呼声高涨，迫使我们独立之前，我们应该维持原样。因为人民是我们的力量，如果没有人民，我们根本不可能采取任何措施。而中部的几个殖民地（马里兰州、特拉华州、宾夕法尼亚州、新泽西州、纽约州）的人民并没有能力独立，切断与英国之间的联系。但，他们确实在快速地成长，相信很快就能够加入到美国的主旋律当中来。

大陆会议5月15日通过抵制、切断与英国王室所有权力的决议。而这给上述中部的殖民地带来了巨大的骚乱，从这一点，也充分说明这些殖民地还没有办法完全与宗主国决裂。

其中有些州强烈要求他们的代表反对独立的宣言，也有个别州没有明确的指示，但最终是他们没有给代表同意独立宣言的权力。 如果某个殖民地的代表没有宣布该殖民地的独立，那么显然其他殖民地并不能代替他们宣布独立，殖民地之间仍是各自独立的。 宾夕法尼亚议会的成员就在楼上，他们的代表大会将会在几天之内召开，而纽约的代表大会正在召开。 新泽西州和特拉华州的大会也会在下周一召开。 这些团体一定会对独立提出质疑，并向代表们宣布他们的意见。

如果大陆会议现在通过独立宣言，那么极有可能，来自这几个州的代表们将会退出会议，他们所代表的几个州也很有可能会退出殖民地联盟。 而一旦他们退出联盟，那么任何国外的援助都没有办法补偿我们的损失。 如果真的是这样的话，那么国外的势力会因为分裂而不蹚这趟浑水，或者会因为我们的实力薄弱而过度介入，那么我们则会被逼到绝境当中，他们会附加给我们更加苛刻的条款。 在我们能够想到的范围内，没有任何一个势力能给我们这样的帮助：法国和西班牙都有理由嫉妒有这样一个新兴的势力，因为有一天我们有可能会夺走他们在美洲的一切利益，因此他们一定会防备我们。

实际上，与此相比，法国和西班牙更有可能与英国王室联手。 英国如果不应允，法国和西班牙则会反戈相向，因此英国必然会同意分割我们的领土，将加拿大划分给法国，将佛罗里达划分给西班牙，这样一来，法国和西班牙都能达成各自的目的：不久之后，我们派到巴黎的使者就会给我们带回来自法国皇室的处置信息。

如果消息对我们是有利的，等待这场我们期待能取得成功的活动，我们有可能会以更好的条件来获得一个盟友。 如此，我们应该能够获得盟友及时的帮助。 然而考虑到我们现在的情景和进度，很明显，在独立期间，我们不可能得到任何的帮助。

因此，谨慎起见，在我们宣布联合独立之前，最好能够就内部彼此结盟的条件达成一致。 如果我们能够取得一致意见，且《独立宣言》能够撰写完毕，那么我们就可以派遣大使去这些国家，也可以开始正式独立。 而从另一方面来讲，小亚当斯、李、威思和其他人也声明，并没有人反对独立，或者说否认我们拥有脱离英国的权利。 他们也不认为我们有可能会与英国建立新的关系，而只是认为不应该在此时宣布独立。

当下关键的问题，通过宣布《独立宣言》，我们不是在超越目前所在的阶段，而是是否要宣布我们是独立的这一既成的事实。 因此，无论是对于英格兰人还是议会来说，我们从来都是独立的，他们对于约束我们贸易的效力仅仅来自我们的默许，而非他们对我们拥有的权力。 到目前为止，我们与英国之间的关系也只是联邦国家而已，而现在，我们之间的关联也因为战争的开始而彻底解除了。

至于国王，我们曾经效忠于他，而现在这种联结因为他同意议会的迟迟不作为，因为他宣布不再为我们提供任何保护，因为他对我们发起了战争，而解除了。事实上，我们早就已经不再受到他的庇护了，而我们都知道，从法律的角度来讲，我们对国王的忠诚和国王对我们提供的保护应该是相互的，一方不再履行义务，也就意味着同时也丧失了相应的权利。

尽管詹姆斯国王从来没有宣布过英格兰人民不再受他的庇护，而他和议会的行为却昭示了这一点。因此，没有代表应该被否决或者想要得到宣布一个既成事实的权利。来自特拉华的代表已经宣布他们已经准备好加入联盟。仅剩两个殖民地，宾夕法尼亚和马里兰的代表们却被搁置了，给他们的指示里只有确认权或反对权。

而来自宾夕法尼亚和马里兰的指示发布时间已经快过去十二个月了，在这期间，时局已经发生了巨大的变化。在这期间，很明显，除了给空头支票之外，英国什么条件也不想接受。而国王给市政会市长和市议员的答案在四天前也传来了，这件事也一定断了许多人的念想。民众正在等待我们带领他们前进。尽管民众们赞成独立，而他们的代表给出的指示却不一定支持。代表们的声音也不总是与民众的想法一致，在中部这些殖民地，这一现象尤为明显。

5 月 15 日通过的决议也恰恰反映了这一点，这也引起了宾夕法尼亚和马里兰某些人的议论，民众们发出了反对的声音，即便在这些殖民地，他们的数量也占多数。而这两个殖民地的迟疑也极有可能归咎于那些拥有财产和关系的人的影响。也有可能是因为，他们还没有被敌人攻击过。

无论原因是什么，看起来，问题都不可能马上得到解决，因为很明显，民众基本上已经不可能在几个星期或几个月之内全体同意独立，因为让所有人对任何一个问题产生同样的观点这件事本来就是不可能的。

因此，对于这些一开始就挺身而出的行为，我们可以推想他们一早就定下了要形成联邦的政策。而他们的这一远见，即便在最糟糕的环境当中，也是好的。因此，对于这些从一开始就遭遇了各种危险的殖民地来说，现在联合在一起，也给自己带来了危险。

从荷兰革命的历史来看，当时刚开始只有三个地区组成了联邦，但事实却证明一些殖民地脱离联邦存在并没有有些人认为的那么危险。

《独立宣言》本身就能够满足欧洲各国与我们打交道的需求，甚至还会有国家愿意接受我们派遣的使者。但在这之前，他们不会允许我们的船只进入他们的港湾，在我们查捕英国船只这件事上，他们也不会认可我们法庭裁定的合法性。

法国和西班牙则可能会因为我们崛起的力量而感到嫉妒，但是他们同时也知道，如果我们仍然依附于英国，那么对他们来说威胁更大，因此他们也乐意阻止我们和英国的联合。 但是，即便他们拒绝了，我们最差就是保持原样，然而，不尝试的话，我们永远都不知道他们是否会向我们伸出援手。 现在运动可能还不算成功，所以，我们最好在事情变得有希望的时候，寻找一个同盟。

如果独立这件事仍迟迟不作定夺，那么必然会耽误很多事情。 这年夏天，本来法国可以通过切断英国和爱尔兰运往北美的供需品来帮助我们斗争，因为敌军依仗着供需存活。或者可以通过调动他们在西印度的势力来牵扯英国的精力。而直到我们决定联合为止，确定联盟条约又会浪费大量的时间。 现在我们需要为人民打开贸易的通道，因为他们会需要衣物，也需要金钱来支付税费。

不幸的是，我们没能在六个月前与法国结盟，因为那样我们就可以通过法国的港口出口我们去年的物产。 同时，他们也可能会向德国派军，阻止那里小气的亲王们贩卖他们的物资从而来封锁我们。

从辩论的过程来看，目前纽约、新泽西、宾夕法尼亚、特拉华、马里兰和南卡罗来纳这些殖民地还没有做好与母国脱离的准备，但是却正在发展的过程中。 人们认为最谨慎的方法就是等着这些殖民地，把最终决定的日子推迟到 7 月 1 日。起草委员会包括了小亚当斯、富兰克林博士、罗杰·谢尔曼、罗伯特·利文斯顿和我。除此之外，委员会还需要为殖民地联合做出一份计划，并起草与国外联盟国的合作条款。而《独立宣言》起草委员会希望我来完成这项工作。按照要求，我完成了起草，并获得了他们的支持。6 月 28 日，周五，我向大陆会议做了报告，并向会议提交了《独立宣言》草稿。

1776 年 6 月 10 日约翰·亚当斯给出了不同的记录，如下：

“委员会召开了几次会议，提出了几篇关于宣言由哪几部分组成的文章和备忘录。之后，委员会任命杰斐逊先生和我来起草宣言，并适当润色。之后，由我们组成的小组委员会见面讨论备忘录，观察时局，之后杰斐逊先生想要让我将备忘录带回我的住所，并起草宣言。而我拒绝了他的提议，原因有以下几点：第一个原因，杰斐逊先生是弗吉尼亚人，而我是马萨诸塞人；第二点原因，他是南方人，而我是北方人；第三点，我因为之前满怀激情地提倡这一措施而让人们感到不满，如果宣言由我来起草，那么草稿必然会受到议会更加严格的审查和激烈的批评，因此不如杰斐逊先生来写好。最后，最重要的一点原因就是杰斐逊先生的文笔确实要比我好很多。因此，我认为关于这点没有什么好犹豫的，文章不能由我来写，而应该由杰斐逊先生来写。

“之后，杰斐逊先生便将备忘录带了回去，一两天之后，他写好了草稿给我看，我不记得我做了什么修改或提出了什么建议。之后，草稿便被提交给了我们五个人组成的起草委员会，起草委员会审阅了一遍。但是现在我已经记不清当时起草委员会是否做了修订或改正工作。但，实际上最后我们把宣言呈交给了大陆会议。之后，经过严格的审查，删掉了几处言辞比较激烈的段落，在1776年7月4日正式通过，发表了《独立宣言》。”——《约翰·亚当斯自传》

“对于为什么起草委员会会令杰斐逊先生如此年轻的人来负责起草《独立宣言》，我的回答是：这是弗兰克·福特先生的建议，他认为弗吉尼亚应该扮演领头羊的角色。据我所知，理查德·亨利先生也可以去弗吉尼亚，去照料他生病的家人，但是实际上这并不是委任杰斐逊先生来做这件事的主要原因。实际上大陆会议同时任命了三个委员会，一个起草《独立宣言》，一个撰写联邦政府文件，一个撰写跟法国的条约。而李先生被选入了联邦政府文件委员会，当时，大家认为一个人身兼两职会带来许多不便之处。1775年6月，杰斐逊来到大陆会议，当时大家都知道他有一手好文笔，在写文章上颇有才华，他的文章经常被人们传阅，其文章用词到位而独特，非常容易引起人们的注意。尽管在议会他一般是沉默的，但他在委员会以及我们的谈话当中表现却机敏、直率、目标明确、果断，就像塞缪尔·亚当斯一样，这些特质一下子就赢得了我的好感，因此我将票投给了他，同时也尽我最大的努力说服别人投票给他。我想，他当时应该是比别的人都多一票，在他之后，得票最多的就是我。应该正是因为我们是票数最多的两位，委员会讨论之后才任命杰斐逊先生和我来起草宣言。

“小组委员见面之后，杰斐逊提出我应该来起草宣言，我回答说：‘我不会写的，应该由你来起草。’杰斐逊问道：‘为什么不呢？ 应该由您来起草啊。’‘不会的。’‘为什么？’‘我有自己的理由。’‘那您的理由是什么？’‘原因一，你是弗吉尼亚人，而我不是，弗吉尼亚在这件事上应该带头。 原因二，我令人不安、惹人怀疑，也不怎么受欢迎，而你则不然。 原因三，你的文笔要比我好十倍都不止。’‘好吧，如果你已经决定了，那么我就尽力。’‘非常好，等你写完之后，我们可以再见面讨论。’

“按照约定，我们见了面，反复地阅读了宣言草稿。 杰斐逊的语言雄辩有力，尤其是涉及黑人奴隶的部分，尽管我知道他的南方的黑人同胞并没有办法在议会通过。 当然我也绝对不会反对。

“如果换作是我来写的话，我可能不会使用宣言当中的某些词汇，尤其是用‘暴君’这个词来称谓国王。 我认为这种表述过于个人了，因为我认为乔治国王无论在行事上还是在本性上都不能算作是一个暴君。 我认为他只是被他大西洋两岸的朝臣给欺骗了，被蒙在鼓里，而在公职表现上也只能算作残忍。 因此，我认为杰斐逊使用的‘暴君’一词过于激烈，出现在这样一份严肃而庄重的文件当中，更多的像是指责。 我想，随后富兰克林和谢尔曼还会再审查宣言草稿，所以也不用我把这个词删除。 我记得基本上我没有做或建议做任何改动，我同意将这份草稿上交。

“随后，我们把文件递交到我们五人的委员会，我已经不记得富兰克林和谢尔曼提出任何批评建议，当时大陆会议的代表们已经失去了耐心，于是我们便匆匆忙忙地提交了文件。我记得《独立宣言》第一稿是由杰斐逊手写而成的。

“我一直怀疑宣言草稿的原版从来都没有被发行过，主要原因可能是因为其中对黑人奴隶制有着激烈的抨击。”——《约翰·亚当斯致蒂莫西·皮克林（Timothy Pickering），1822，8，22》

关于这点杰斐逊回复道：

“毫无疑问，您在7月4日宣布《独立宣言》的时候见过蒂莫西·皮克林先生。那么，如果从他个人或政治上的原则偏见来看，我们没有理由怀疑他确实引用了他声称从亚当斯先生那里收到的信息。那么，我就可以说，对于某些细节，亚当斯先生的记忆出错了。亚当斯先生现在已经八十八岁高龄了，美国也已经独立四十七年了，这么说好像不好。而我，也已经八十岁了，要不是曾经在事情发生的时候，记载过事情的细节，我也不敢说我的记忆力给了我什么优势来反对亚当斯先生。亚当斯先生说委员会由五个人组成，包括富兰克林博士、谢尔曼先生、利文斯顿先生以及我们两人讨论了起草宣言的事情，并最终委托我们二人来起草宣言。之后，我们两人作为小组委员会见面讨论之后决定由我来负责，起草之后，我们又经过了反复的审查，但是亚当斯先生不记得有任何的改动。实际上，现在看来，这些细节都是错误的，我们五人委员会见面之后，并没有委任小组委员会，而是全体一致同意由我独自来起草宣言。我接受并完成了这份任务。

但在我向委员会提交草稿之前，我分别跟富兰克林博士和亚当斯先生单独讨论了一下，因为我相信这两位的判断和改正对于宣言的完善是有帮助的。现在《独立宣言》的原稿仍然在我手里，上面还有富兰克林博士和亚当斯先生更正的笔记。他们共更正了两三处措辞问题。随后，我誊抄了一份后递交给了委员会，委员会未做任何改动便呈交给了大陆会议。而我私下向亚当斯先生沟通咨询的行为则被他错误以为我们是一个小组委员会。

“关于这一点，我没有立场做评判。而理查德·亨利·李则认为我写的草稿抄袭了洛克的政府公约——我从来没有看过的册子，我也不知道我的某些想法是否产生于我之前的某些阅读经历。我只知道在写宣言的过程当中，我并没有参考任何的书本或册子。我也不认为是我创造了新的想法或者发明了新的表述方式。”——《杰斐逊致J.麦迪逊，1823.8.30》

7月1日，周一，大陆会议开始重新考虑弗吉尼亚代表提出来的动议。接下来一整天，会议都在讨论这个话题，新罕布什尔、康涅狄格、马萨诸塞、罗德岛、新泽西、马里兰、弗吉尼亚和北卡罗来纳、佐治亚投了赞成票，南卡罗来纳、宾夕法尼亚则投了反对票。特拉华有两位代表参会，他们意见不一。而来自纽约的代表则宣布他们同意，他们的选民也支持这一决定。但由于给他们的命令在约十二个月前被撤销了，而和谈仍是大家谈论的一个主要目标，因为他们决定不做任何会妨碍这个目标的事情。因此，他们认为自己没有理由投票，他们请求自己脱离这个问题的讨论，会议也批准了这一请求。随后委员会向议院汇报了他们的决议。而来自南卡罗来纳的爱德华·拉特里奇先生要求第二天再宣布最终决定，他相信，他的同僚，即便不赞成这一决议，也会全体一致通过这项决议的。

最终，问题就是议会是否愿意按照其建议将决议推迟到第二天。决议推迟到第二天后，南卡罗来纳这次同意了决议。与此同时，特拉华的第三位代表也到达了，将特拉华的投票也转成了赞同票。另外还有两位来自宾夕法尼亚的代表也到来了，因此最终共有十二个殖民地投出了选票。之后，一天之内，纽约大会同意了这一决议，纽约会议也给予通过。这项决议正好为放弃投票的纽约州的代表做出了回应。

当天，也就是7月1日，国会继续讨论《独立宣言》，草稿上周五提交上去的，只不过一直被搁置着。周一的时候，这份草稿被提交给了全体委员会。但实际上，在不少人心里，他们仍然犹豫着，他们仍旧认为，我们在英国仍有朋友，仍有可能与英国保持友好的关系。因此，草稿中，责难英国民众的部分被删除了，以防冒犯到所谓的英国友人。那些对英国奴役非洲人行为进行抨击的段落也被删除了，这样做是为了安抚南卡罗来纳和佐治亚，因为这两个地区从来都没有限制奴隶的输入，反而希望一直可以维持那样的局面。我相信，对于这样的事情，北方的同胞们会多少感到不快，虽然他们本人没有奴隶，可北方不少人都是运奴人。在之后7月2日到4日的三天里，议会针对这一问题展开了激烈的讨论，直到4日晚上，委员会才将最终的版本提交，通过了会议同意，除了迪金森先生之外，每个成员都签署了自己的名字。

由于人们的思想观念不仅仅体现在他们认可的事物上，还体现在他们拒绝的事物上，因此，在此，我把原始版本的《独立宣言》记录在这里。国会删掉的部分下面会画横线示意，而添加的部分，将会加括号说明。

《美利坚合众国代表宣言》大陆会议大会

在人类历史的发展进程中，一个民族发展到一定时期时，必然会与另外一个民族切断某种政治联系而独立存在。这时，这个国家会在世界各国之间依照自然法则，并按照上帝的旨意接受其独立而平等的地位。出于对人类舆论的尊重，在这里应该公布我们被迫独立的原因。

我们认为有些真理是不证自明的：人人生而平等；每个人都拥有造物者赋予的生而具有的不可分割的权利，其中包括了生命权、自由权以及追寻幸福的权利。为了保护这些权利，人们设立政府，政府的权力来自于人民；而当政府不能够履行职责时，人民有权利改变或废除它，来缔造新的政府。在此种原则之上建立政府，以这样的形式组织权力，对人民来讲，是最能影响他们的安全和幸福感的。

当然，出于审慎，人们不会为了微小的、短暂的原因而去改变设立已久的政府；按照以往的经历，人们在遭受到痛苦的时候，只要还能够忍受就不会去改变，只要还能够忍受，就不会废除他们已习惯了的这种政治形式。

但是，当一个政府一直滥用权力，掠夺人民，且一直以此目标来统治人民，企图将人民置于绝对专制主义之下时，人民就有权利也有义务推翻政府，从而为未来的安全建立新的保障。因此，现在就是我们这些习惯了逆来顺受的殖民地的子民们跟以前的政治制度决裂的时候了。

现任英国国王的执政史可以说是不断伤害和掠夺人民的历史。在这段历史中，毫无例外，所有的行动都是为了实现国王对这些地方绝对统治的暴政。为了证明所言属实，现在将下列事实公布于众，我们起誓，其中绝对没有污蔑与不实。

国王拒绝批准那些符合公众利益，切合公众需求的法律。他阻止总督批准那些迫切且极为重要的法律，又或者将这些法律搁置直到他同意为止，当然事后他根本再也不会理睬这些法律。他拒绝批准安置广大地区人们的法律，除非这些人放弃他们在立法中的政治权利，放弃这种对人民来说具有无法估量价值的权利，放弃这种只有暴君才会恐惧的权利。

他总是让立法机构在环境恶劣的、遥远的公共档案库当中开会，这样做的目的是让他们疲于奔波而屈服于他的指挥。

他不断地解散代表会议，因为这些人会刚强不屈地反对他侵犯人民权利的政策。议会解散之后很长时间里，他都拒绝另外选举新的议会，因为重新选举就意味着人民手中重新拥有了不可剥夺的立法权，这样国王就可能会陷入一个内忧外患的境地。

他竭力抑制各州的人口数量，为了达到这样的目的，他不允许外国人入籍法的通过，以此来打击移民。同时，他增加新的土地分配法令的限制条例。他拒绝批准设置司法权力机关的法案，以此来阻挠司法工作，有些州完全没有自己的立法权。

他利用任期长短和工资高低挟持法官依赖、听命于他。他乱用权力，在各个地方滥设官职，并派遣官吏骚扰民众，刮取民脂民膏。

他在和平时期，不经立法机构的同意便让战争时期的军队和军舰驻扎于人民当中。军队在他的带领之下独立于民事权力之外，甚至高于民事权力。

他联合外人，要我们屈服于那些与我们的宪法格格不入且不被我们法律承认的司法管辖之下。他批准那些私自炮制的法案，以满足以下目的：派驻大批军队来压制人民，设置模拟法庭，假装审讯来包庇他们，使得他们杀害我们的民众后仍能够逍遥法外；他切断我们与外界的贸易，并没有征求我们的同意就向我们施加税收；剥夺我们享有的陪审团的权利；编织莫须有的罪名，将我们运到海外去受审；在临近地区废除保障自由的英国法律，建立专制的政府；并不断扩大疆界，让它快速地成为一个范例和工具，以便将专制统治引用到这些州来。他取消我们的宪章，废除对我们来讲最有价值的法律，从根本上改变了政府形式；他关闭了我们的立法机关，并声称他有权力建立一切法律。他宣布我们不在其保护范围，并对我们发动了战争。撤销了总督，并宣布我们脱离了英联邦的保护。

他掠夺我们的船舶，骚扰沿海地区，焚烧我们的城镇，残害我们同胞的生命。

此刻，他正调遣大量外籍雇佣兵，要对我们展开杀戮。他用专制统治，使得到处都充满残暴和背信弃义。他完全不配做一个文明国家的领袖。

他强迫我们那些在公海被俘虏的同胞从军，反对自己的国家，变成杀害他们亲朋好友的刽子手，或者使他们死在自己同胞的手下。

他竭力挑唆那些残忍的印第安人来侵犯边疆的居民。而印第安人最出名的作战律令便是无论男女老少都格杀勿论。他通过没收我们的财产，来诱惑我们的同胞，以此来引起内乱。

他向人性发起战争，侵犯与他不相干的人最神圣的生命和自由的权利，捕捉并将人们当奴隶贩卖到另一个半球，导致他们在运输途中的死亡。这海盗般的行径，这耻辱的异端战争，正是由大不列颠王国的基督教国王发动的。他滥用否决权，打压所有尝试禁止或限制不道德贸易展开的立法的产生，目的就是为了保持一个人口买卖市场的开放。

那些恐怖的组织也没有想过高贵的死亡，国王因看到我们当中那些曾经谋杀其他受压迫的人们揭竿而起，追求被他剥夺了的自由，而兴奋异常，因为他可以利用这些人来对抗我们。

在他对我们施加压迫的每一个阶段，我们都曾用谦卑的语句来呼求改革，然而，我们的诉求却每每以受到进一步的伤害而收场。

一个由每次的行为可以看出他定会成为暴君的王子，不适合做一个自由民族的统治者。未来的人们恐怕不会相信，在短短的十二年内，一个人会变得如此冒进，这样毫不掩饰地对一个本应享有自由的国家实施暴政。

我们对于我们的英国兄弟们也是有顾念的，我们曾一次次警告他们不要将他们的立法权横加到我们各个州上来。我们曾提醒他们我们在此生活和生存的实际情况，没有人会允许如此怪异的局面，用我们的生命鲜血和财富去换取英国的财富和国力：在创建我们的政府时，我们已经接受了一个共同的国王，因此与他们保持着友好的接触，但屈服于他们的议会却并非我们政权基础的一部分，我们也从未考虑过这样一种情况。我们曾尽最大的力量向他们的正义感和侠义精神呼吁，（我们也曾用我们同文同种的同胞之情向他们恳切陈词，）要求取消那些倒行逆施的暴政，因为那些暴政可能（必将）使我们之前的情感联系和友谊破裂。

可他们却对我们真切的正义的呼吁置若罔闻。他们拥有过很多机会，能够通过正常的法律程序解决那些破坏我们之间和谐关系的因素，他们却通过自由选举，重新发布议案等方式，使自己重新当权。他们不仅允许自己的元首与我们血脉相连的人与我们作战，还利用苏格兰和其他国外势力来践踏我们的领土。这些事情彻底粉碎了我们本来就岌岌可危的感情，人性的精神要求我们必须摆脱这种无情的枷锁。我们需要做的就是尽可能忘却我们对他们的爱意，像对待其他民族一样对待他们。战争当中是仇敌，和平中是朋友。我们本应同为一个自由而伟大的民族，但是这种庄严而自由的交流似乎有辱他们的尊严。既然这样，那就这样吧，我们也没有别的选择。通往幸福和荣耀的路就在我们眼前。我们会和他们分离，独自前行。

（因此，我们必须）承认和他们永久分离的必要性（对待他们就好像对待其他民族一样，在战场上为敌人，在和平时期为朋友）。

因此，我们这些集合在大陆议会的代表们，将以美利坚合众国善良人们的名义和权利，解除与英国国王的一切关系，以及国王将来可能宣称拥有的所有关系。

最终，我们切断了我们与大英帝国之间的政治联系，在此之前，这种联系一直存在于我们与英国人民或议会之间。终于，我们提出并宣布这些殖民地独立，作为独立的国家而存在，他们有权发动战争，维护和平，也有权缔结盟友，开展商业活动以及其他所有的独立的国家能够展开的活动。为了拥护这项宣言，我们怀着深信神明福佑的信心，在此谨以我们的生命、财产和我们神圣的荣誉起誓。（所以，我们这些集合在大陆会议的美利坚合众国的代表们，呼吁世间最高裁判，来裁定我们请愿的正义性。我们以殖民地善良人民的名义和权利庄严地宣布：这些殖民地从此将名正言顺地以独立国家的形式存在。解除了一切与英王的隶属关系，废除一切政治联系，作为独立自主的合众国，它完全享有权利宣战、缔和，也有权力缔结盟友，开展商业活动以及其他所有的独立的国家能够展开的活动。对于此项宣言，我们怀着深信神明福佑的信心，我们用我们的性命、财产和神圣的荣誉起誓。）

7 月 4 日，议员正式通过了《独立宣言》，由于当时宣言写在纸上，所以 8 月 2 日，重新签署了誊写在羊皮纸上的《独立宣言》。

第四章　州际辩论

7月12日，周五，联邦政府文件撰写委员会提交了报告。22日，会议将他们重组成另一个委员会。7月30日、31日以及8月1日，大陆会议开始展开关于各个州向联邦财政提交税金份额、议会以什么形式选举的讨论。这些法案的第一部分在原稿当中是这样表述的：“第十一条：那些由联邦政府通过的战争以及公共防御、大众福利所产生的所有费用应该由联邦财政支付，而各个殖民地应该按照除了不需要缴税的印第安人外，无论年龄、性别、人种，按照真实的人口数量而不是常住白种人的数量来向联邦财政缴纳费用。并且联合政府应该每三年对人口数量做审查。”

塞缪尔·蔡斯（Samuel Chase）先生则认为应该调整配额，不应该按照所有居民的数量来算，而只按照白人的数量。他坚信税收应该按照财产比例来收取，但是基于重重困难，实际上根本不可能按照这种方式来进行税收。各州财产的价值不可能得到公平公正的评估，因此，必须修订某些评估各州财富的措施，应该采用一些更简单的标准。他认为居民数量可以算作一个不错的衡量标准，而且便于统计。因此，他认为按照居民人口数量来收取是最好的模式，但其中有一个例外。他发现，黑人也算是一种财产，不能和土地或其他财产区分开。北方农民把多余的钱财投资在牛羊马等牲口上，而南方的农民则会把多余的钱投资在奴隶身上。

既然北方人不按照人口数量和牲口数量缴税，那么南方人也不应该按照家庭人口和奴隶人口数量来缴税。因此，提案当中的方案就变成了对南方各州按照人口数量和财富综合征税，而对北方只按照人口数量征收。实际上，黑人不应该算作州人口数量，就好像牲口不应该被算作人一样。

约翰·亚当斯先生（John Adams）说人口数量被当作是州财富的指标，而不应该是纳税的主体。因此，无论你怎样称呼你的人民，是自由人还是奴隶，这都不是最重要的。在某些国家，劳动的人民有被称作自由人的，也有被称作奴隶的，但之间的区别其实是想象出来的。一个地主在自己的农场雇佣十个劳动力然后每年给他们足够买生活必需品的钱，或者直接把生活必需品发给他们，这之间并没有什么区别。

不管哪一种，劳动力为该州创造的年价值是相同的，该州的产出也会是相同的。所以，就算有五百个自由劳动者创造的价值并不比五百个奴隶多，因此，在这些将劳动力称作自由人的州所需缴税金额不应该比将他们称作是奴隶的州多。

设想如果自然有神奇的力量或者法则，能够在一夜之间将一个州半数的劳动力变成奴隶，那这是不是意味着这个州变得更加贫穷，或者可以少缴纳税金了呢？大多数国家这些劳苦的穷人，尤其是在北方各州的渔民们，境遇和奴隶差不多，同样可怜。劳动力正是创造了缴纳税金的剩余价值的人，因此，应该不加区分地将劳动力数量当作衡量各种财富的指标。而在某些州，“财产”这个词被用来指代某些人，因此产生了这种谬误。

那么南方农场主是怎样获得奴隶的呢？无非是通过从国外贩卖而来或者从邻居那里买来。如果他是从国外买来的，那么他就为他所在的州购买了劳动力，也在一定程度上增加了获得利润和赋税的能力。如果奴隶是他从相邻的农场买来的，那么这只是实现了劳动力的转移，并不能改变该州的年产数量，因此税收就不应该改变。

如果一个北方农场主有十个奴隶，那么他就可以将十个奴隶产生的剩余价值投资在十头牛上，同理，南方的农场主可以将同等的剩余价值投资在购买十个奴隶上。这样的话，拥有十万个自由人的州能够购买牛的数量则不如拥有十万个奴隶的州。他们并没有那样的财产。因此按照习俗，奴隶更多地被称作是他们主人的财富，就好像自由人是雇佣者的财富一样。

但是对于该州来讲，无论是自由人还是奴隶，都是该州的财产，因此公平起见，应该都算入纳税人头当中。

本杰明·哈里森先生（Benjamin Harrison）当时提出了一个折中的建议，即将两个奴隶计作一个自由人。他确定奴隶做的工作没有自由人多，甚至怀疑两个奴隶的工作量都抵不过一个自由人。这一点在劳动力价格当中也能反映出来。在南方殖民地，雇佣一个劳动力的价格是八到十二分，而在北方则为二十四。

威尔森先生则认为，如果这一修正案通过，那么南方殖民地就会在奴隶身上受益更多，而会为北方殖民地增加负担。一方面南方各州得到了奴隶劳动产生的利润。同时，奴隶的存在也加重了防御的范围，这都为北方各州增加了重担。除此之外，南方的奴隶占据了本来可能需要自由人的位置，享用了他们的食物。解散奴隶之后，自由人方可重新得到那些位置。因此，我们有责任在各个方面打击、阻止对奴隶的进口。但这条修正案恰好给了那些想要进口奴隶的人更多的权利。

另外一些财产在南北方各个殖民地基本上是平均分配的，比如，牛、马、羊。而奴隶数量却不是。由此可见，各殖民地当中，无论人口是黑人还是白人，拥有人口最多的州应该缴纳最多税金。

那么对南方各殖民地来说，每个农场主都应该按照劳动力数量来缴纳税金，无论劳动力肤色如何。威尔森先生知道，尽管自由人劳动量大，但同时他们消耗得也多，因此也无法产生更多的剩余价值用以赋税。奴隶在吃穿上则要比自由人更省钱。白人妇女通常也被免除工作，而黑人妇女则不同。从这些方面来讲，基于现在的情况来看，南方各州更占优势。因此，过去有时候有人会说我们应该奉行奴隶制，否则由自由人劳作产生的生活用品价格会过高，而现在则有人说，奴隶的劳动才是最昂贵的。

佩恩先生（Payne）极力赞成大陆会议最初的解决方案，即按照各州的人口数来作为缴税份额的依据。

另一条例内容如下：“第十七条：对于决定性的问题，每一个殖民地将有一票表决权。”

7 月 30 日至 8 月 1 日，共有四十一人出席。蔡斯先生评论道，这一条款最有可能在我们这些经提议参与起草的人员当中引起分歧，而当时草案尚处考虑之中。大些的殖民地扬言，倘若他们在国会中的分量与他们在联邦中的人数不对等的话，他们是断然不会结盟的；而较小的殖民地则宣称，如果在维护自身权利的过程中不能享有平等表决权，他们也反对联盟。最重要的是要把各个党派联合起来，因为假如我们人心不齐的话，任何外国势力都不会与我们结交，或者不同的州会形成不同的联盟，这样一来，像内战和流血事件之类的恐怖场景就会愈演愈烈，这对美国这种各自为政的国家来说无异于一场灾难，将置民众于水深火热之中。我们的价值，我们的利益，我们的和平要求我们联合起来，彼此做出牺牲，以找出折中策略应对这一难题。他认为，如果小的殖民地在有些情况下无法享有平等表决权的话，它们就会丧失权利，因此，会议所面临的诸多问题要予以区别对待。较小的州在所有关乎生命或自由的问题上要得到保障，而较大的州在一切涉及所有权的事宜上要有所保证。因此蔡斯提议，在谈到金钱问题时，每个殖民地的投票数应与其居民数目成比例。

富兰克林博士认为，在任何情况下，选票数都应该与居民数成比例。他察觉到特拉华州各县已经要求其代表反对这一条款。富兰克林指出，任意一个州都会持有这种想法：除非允许他们肆意支配我们的金钱，否则他们是绝对不会和我们结盟的，这真是不可思议。当然了，如果我们想要拥有平等的投票权，我们应该花等量的钱；但是那些小州是不情愿出这样的高价来换此特权的。他还说，如果他居住在一个州，该州原本拥有平等代表权，但后来意外丧失了这种平等的权益，那么他或许就会安于现状，而不会向政府诉求；然而，当我们能够树立正确的典范，而不去付诸行动的时候，我们就大错特错了。他还指出，在英格兰和苏格兰结合之际，苏格兰就提出了反对，现在美国的小州也是这种态度。不过，过往的经验已经证明尚未出现不公平的现象。他们的拥护者已经预言，这种情况还会再现，从前，鲸鱼吞食了约拿，但他觉得预言刚好反了过来，这次约拿已经消灭了鲸鱼，因为事实上苏格兰已经获取了政权，能够为英格兰人制定法律。国会最初达成协议由殖民地进行投票，富兰克林对此持反对态度，他认为，在任何情况下，都要根据纳税人的数目进行投票。

威瑟斯庞（Witherspoon）博士不主张对此条款做任何形式的修改。所有人都承认联盟是必要的。倘若我们没有结盟，一旦消息传开，国人就会感到沮丧，我们的努力就会白费，奋斗的价值也会大打折扣，因为不结盟就意味着等待我们的将是内战和纠纷。如果不能享有平等表决权，小州就要归顺大州；以往的经验告诉我们，自由州的臣民和百姓最受奴役。他以斯巴达（Sparta）希洛人（Helots）（古斯巴达国家拥有的奴隶）和罗马的省市为例进行了说明。他说，外国势力发现这个污点，就会以此为把柄，使得那些小州从如此不平等的邦联中脱离出来。威瑟斯庞指出，事实上，殖民地应被视为独立的个体，如是，他们在任何情况下都应拥有平等的投票权。既然各个殖民地是以个体形式聚集在一起商定协议，他们自然应该享有以个体身份进行投票的权利。在东印度公司，投票是按照人口数量而非股票持有量进行的；在比利时联邦，投票是以省为单位而进行的；在战争问题上，大小州面临着同样的利害得失，因此应享有平等投票权，而事实上，由于大州边界更广，因此更容易给邦联招致战乱。威瑟斯庞承认，平等代表权是一个很好的原则，但是这种权利必须关乎同等事物，即相似的、本质相同的事物：所有与个人相关的事宜都不能提到议会章程，只有涉及殖民地的问题才能在会议上进行讨论。他指出了合并组成的联盟与联邦之间的区别。英国联盟是一个合并而成的联盟，而苏格兰深受其害，因为苏格兰民众是本着谋取地位、寻求工作的目的而加入该联盟的。此外，苏格兰也不是一个拥有平等权利的例子，因为虽然它享有近 1/13 的代表权，却只需缴纳 1/40 的土地税。威瑟斯庞博士表达了他的愿景，即在当前人们思想比较开明的情形之下，如果我们秉着公平公正的原则，是有望建立一个持久的联盟的。

约翰·亚当斯（John Adams）提倡按照人口比例进行投票。他指出，我们站在这里，代表的是人民。有的州人口较多，其他州人口较少，因此，他们在这里的投票应该与所代表的州的人口数成比例。在这个世界上，理性、正义与平等从来都没有足够的力量来控制人类的理事会。能左右理事会的只有利益，也只有利益才可以信赖。因此，室内利益应该准确代表室外利益。殖民地的个体身份只不过是一种说辞而已。个体身份能增加殖民地的财富和人口数量吗？如果能，那就交同样多的钱吧。如果个体身份不能增加联盟的分量，也就不能享有更多的权利，在讨论过程当中也就不会拥有更多的话语权。比如A、B、C三方合作，A有五十英镑，B有五百英镑，C有一千英镑。倘若三者平均支配共同持有的资产，这么做公平吗？曾有人这样说过，我们就是聚在一起做交易的独立个体。问题不在于我们现在是什么，而在于协议达成之后我们应该成为什么。联盟的目的是把我们合为一体，形成“我们”这一唯一的整体，这就犹如把一块块分散的金属熔合为一大块金属。我们将不再拥有独自的个体性，而是组成唯一的一个个体来应对提交给联邦的一切问题。因此，在其他集会中，所有能证明平等代表权公正适宜的道理在这里依然有效。有人持反对意见，认为按比例投票会危及小州。我们回应道，平等表决权会危害大州的利益。弗吉尼亚州、宾夕法尼亚州以及马萨诸塞州是三个较大的殖民地。鉴于它们之间的距离，以及它们在产品、利益和生活方式上的差异，这些州显然不会有兴趣或意向去联合起来镇压小州。在任何问题上，小州当然会与大州产生分歧。从相互关系、相似性及交流来看，罗得岛州会追求与马萨诸塞州相同的目标；泽西岛、特拉华州及马里兰州则会追求与宾夕法尼亚州相同的目标。

本杰明·拉什（Benjamin Rush）博士指出，荷兰共和国自由权衰落的原因有三个。其一，在一切问题上全体意见必须一致。其二，凡事要与选民进行商议。其三，投票须以省为单位。其中，最后一个原因把平等代表权毁灭殆尽，而英国也因为同样的问题日渐丧失自由。我们的一部分权利掌握在议会手中，在此代表权理应平等，这是大家公认的。我们的另一部分权利取决于大陆会议，可是在大陆会议上，代表权却不平等，这是为什么呢？倘若能把全民召集起来，他们会以少数服从多数的方式来解决所面临的问题。那么，如今各州代表在这里投票的时候，为什么不也按照少数服从多数的标准呢？大的殖民地刚好在地理位置上相互分离，因而无须担心它们会结盟。它们的利益各不相同，情况也大相径庭。相比而言，它们更可能成为对手，这样的话，小州就能趁机为它们所青睐的一方创造优势。根据自由民的数量进行投票有一个非常好的效果，那就是能够诱导殖民地打击奴隶制，从而增加它们自由民的数量。

斯蒂芬·霍普金斯（Stephen Hopkins）先生指出，这里有大、中、小殖民地各四个。其中，四个大的殖民地人口数目是联邦人口总数的一半以上，因此它们可以随意控制其他的殖民地。历史上还没有出现过平等代表权之类的事宜。德国联邦是以州为单位进行投票的，同样的还有瑞士联邦以及比利时联邦。我们对古老的联邦知之甚少，所以其惯例如何我们无从得知。

威尔逊（Wilson）先生认为税款应该与财富成比例，然而代表权应该与自由民的数目一致。政府是全民意愿的集中体现或结果。如果任何一个政府能够表达出全体人民的心声，那么这个政府就是完美的；而如若政府不能传达出人民的意愿，它就称不上完美。大陆会议一向被视为各州的代表，而不是个人的代表。我认为，大陆会议所关心的是各州的每一个个体。为一万个人加以“州”的名字，以期让其享受与四万民众平等的权利，这也太奇怪了。这必定是魔法使然，而非合乎情理。就大陆会议上所提到的那些问题而论，我们并非很多个州，而是一个大州。只要来到这里，我们就把个体性放在一边。德国政府备受国人嘲弄，在任何问题上，他们的惯例都充分证明了政府的错误。而对于比利时联邦而言，其最大的缺点就是以省为单位进行投票。小州利益时常以牺牲集体利益为代价。安妮女王统治期间的战争史充分证明了这一点。有人问，九个殖民地应该任由四个殖民地肆意控制吗？而我要反问，难道二百万人应当甘受一百万人随意统治吗？也有人假称小的殖民地将会面临来自大殖民地的危害。坦白来说，少数民众将受多数群体的威胁。然而，世界上又有什么会议不存在同样的问题的？事实上，我们的行动要符合多数人的利益，而且理应如此。大州之间更有可能相互争执，而不是联合起来。我认为，没有任何一个人会想到或提出一件对弗吉尼亚州、宾夕法尼亚州和马萨诸塞州有利，而对其他各州无益的事情。

这些条例于 1776 年 7 月 12 日提出，之后的两年时间内，基本上天天被讨论，时时引争议。1778 年 7 月 9 日十个州批准了这些条例，同年 11 月 26 日得到了新泽西州的认可，次年 2 月 23 日在特拉华州批准通过。然而，又过了两年，直到 1781 年 3 月 1 日，这些条例才得到马里兰州的批准，从而正式生效。

第五章　废除特权

8 月 11 日起，我们代表团的任期延长一年，但是新政府当时已经成立，10 月份将召开立法会议，而我被我所在的县推选为议员。我很清楚，我们饱受英国王室政府统治的立法制度有很多诟病亟待改革，我相信我能够在此项重任中发挥更大的作用。于是，9 月 2 日我从大陆会议辞职，10 月 7 日起在我们州的立法机关就职。

11 日，我提议制定法案，成立一个法院，因为法院太重要了。我起草了法案，之后又递交委员会审批，后经一系列正当手续之后获准通过。

12 日，我被批准制定另一个法案，宣布限嗣继承土地保有人可享有绝对和无限制的土地所有权。在殖民地早期，人们基本上无须花费一丝一毫便可获得土地，有些颇有远见的人得到了大片的土地，本着要建立显赫家族的强烈愿望，便将这些土地以限定继承不动产的方式留给了他们的后代。就这样，这份产权世世代代相传，不曾更改名姓，在法律的捍卫下，他们享有永久的财权，从而形成了一个无与伦比的贵族阶级，彰显了风光无限的富贵荣华。而国王也习惯性地会从这个阶级中挑选国务参事，为了获得这份殊荣，这些人心甘情愿地为国王效忠，以保障其利益，满足其意愿。消除这项特权，打破这个对社会弊大于利的财团，为这个德才兼备、连大自然都青睐有加的上层社会（大自然造就贵族体系，均匀地分布在社会的各个阶层）创造机会，这对于创建一个秩序井然的伟大共和国是极为重要的。为了实现这一切，不必使用暴力，也无须剥夺天赋人权，只需要通过废除这项法律便可达到目的。因为这样一来，当前的这些财产拥有者就会像平均投入感情一样，把名下资产均衡地分配给每一个孩子；而且其子女生来就能够与同胞们享有平等的地位。但是废除这项法律的提议遭到了彭德尔顿先生（Mr. Pendleton）的强烈反对，他是旧体制的坚决拥护者，而且总体看来，他还是我所遇到的最能言善辩的人。事实上，他不像亨利先生那般富有诗意，没有亨利先生那种超群的想象力和让人无懈可击的言辞。但是他头脑清醒、处事得体、颇具说服力；他的语言通顺流畅、朴实却不乏文采；他思维敏捷、观点犀利、引经据典，立于不败之地；因为他一旦败下阵来，便会趁势反攻，重获力量，从而打成平局，在此期间，他体现出了自己娴熟的技能，巧妙而又详细的辩论，略胜一筹的小优势，单个来说看似不起眼，聚在一起却威力十足。你永远不知道自己什么时候能够摆脱他，却被他的坚韧执着拖得筋疲力尽，直到最后所有不如他有耐心的人都被他击垮了。此外，他还是一位正直仁慈的绅士，是最亲切善良的朋友，是最和蔼可亲的伙伴，这些秉性使得他无论说些什么，做些什么，都会让人欣然接受。突然他发现限嗣继承权要被废除了，就力排众议坚守自己所提的修正案。他认为，限嗣继承权不应该完全废除，而应该尊重土地拥有者的意愿，如果他愿意的话，可以继续享受土地绝对处理权。虽然彭德尔顿先生和其他几个选举人使出浑身解数想要挽救旧的法规，完全废除限定继承权的议案最终还是通过了。

在有关构建司法体系的诸多议案当中，有一条议案是提议建立一个平衡法院。在此议案中，我提出，无论是在平衡法院还是在法庭，一切事实问题都需要经过陪审团的审判。然而，彭德尔顿先生只用了“如任何一方提出要求”这几个字便否决了我的提议。结果，由于没有任何一个起诉人对他的法官说：“先生，我不相信你，我需要一个陪审团。”我们在法庭上很少或者基本上看不到陪审团的影子，除非首席法官自愿邀请陪审团。

1607 年，弗吉尼亚州第一个永久性殖民地建立。直到

1650年左右，我才听说这个殖民地有黑人。第一批黑人奴隶是由一艘荷兰船舰运来的，之后，英国就开始了贩卖奴隶的交易，一直持续到了独立战争期间。事实上，战争暂时中断了奴隶的进一步输入，而且立法机关也一直深受战事影响，这个问题始终没有引起重视，直到1778年我提出法案，以制止进一步的奴隶输入活动。我的这项法案没有遭到任何反对，全票通过，阻止了买入奴隶这一罪行的蔓延，以期后人将其彻底废除。

第一批到达该殖民地的移民是英国人，他们都忠于英国国王和教会，沃尔特·雷利爵士所得到的授权中就有一条明确的限制性条款，那就是他们的法律法规，“不得有悖于英国国教所声称的真正意义上的基督教信仰。”殖民地的身份一经确认，便被划分为一个个教区，每一个教区都分配了一位英国国教的牧师，每一位牧师都享有烟草制品形式的固定工资，配有房屋、土地以及其他的生活必需品。为了支付这些费用，各个教会的所有居民，无论是否是英国国教的成员，都必须派上用场。对于来到这里的贵格会教徒，他们最不能忍受，便采用最残酷的刑罚方式将他们赶出殖民地。然而，随着时间的推移，新的教派接踵而至，其中最具代表的当属长老会教派。国教教会的牧师，除了享有教会附属地和固定薪酬之外，还可以收到来自古典学校的薪酬。平日里，他们都可以在农场和教室找到很多工作，只有星期天才聚在教堂里做祷告，传教布道。他们很少发挥出牧师的其他作用。与无所事事的国教牧师截然不同的是，其他教派的牧师们热情洋溢，勤勉敬业，在无限的领域里发挥着他们的才智。独立战争爆发期间，大多数居民都反对国教，但还是被迫养活那些少数派的牧师。在英国王室政府统治时期，这种牧师宣传错误的宗教理念而反被养活的不公平现象就引起了人们的不满，但是没有解决的希望。不过，在 1776 年召开的第一次共和国立法大会上，很多人请求禁止这种摧毁人心的专横行为。随之，我生平所遇到的最激烈的斗争上演了。我们最强大的对手就是彭德尔顿先生和罗伯特·卡特，他们两人虽都诚实正直，却是狂热的教徒。这些请愿书都递交给了关心国家形势的全体委员会，之后，从 10 月 11 日一直到 12 月 5 日，委员会内几乎每天都在进行着尖锐无情的争论，我们喋喋不休，只为了废除旧的法规，因为这些法律视一切持有不同意见、不去教堂做礼拜，或者朝拜神灵的活动为违法犯罪的行为。另外，国教的反对者可以不再向国教教徒提供资助，而且在下次会议召开之前暂停向新教徒征税来为他们教区的牧师发放酬金。因为虽然正如我们所注意到的那样，我们的公民绝大多数不奉国教，但议会中的大部分成员都是国教教徒。不过，这些人当中不乏通情达理之士，在一些问题上，他们成全了我们，使得我们略占上风。然而，我们的对手在 11 月 19 日委员会的决议中加了一项声明，宣布宗教集会应该遵守规定，同时还要做出一项规定，以确保神职人员代代传承，并监督管理他们的行为。在已经通过的法案中，明确表达了对下述问题的保留态度：是否应该通过法律规定向每一位公民征收一定的费用来养活其所选择的牧师，还是应该让每个人自愿行事。在这一问题上，从 1776 年到 1779 年，每次会议都会讨论（由于我们那些不信奉国教的同胞中有些人已经达到了个人的目的，转而支持普遍征税的提议），我们只能一推再推，直到 1779 年，反对普遍征税的问题才最终得到解决，而英国国教也终于被彻底推翻了。为了对上述那两位正直之士公平起见，我必须要补充一下，尽管从本性来看，他们更倾向于安守本分，而不是冒险革新，但是一旦公众做出决断，没有谁比他俩更忠诚或更严格地执行了。

我们的政府原本位于詹姆斯敦（Jamestown）半岛，那里正是殖民者的第一个居留地。之后，政府向内陆迁移几英里，搬到了威廉斯堡（Williamsburg）。但是当时我们的定居点还没有扩展到潮水之外，现在却已经越过了阿勒哥尼山脉（Alleghany），而且人口中心已经远离了之前的所在地。然而，我们的档案仍然保存在威廉斯堡，这里是州长和其他诸多公职人员的惯常居所，是议会的举办地，也是我们的军火库所在之处。这里一点儿也不隐蔽，战争中随时都可能被攻下，尤其是现在，敌人可以顺着两边的任何一条河流挥师而上，进而占领威廉斯堡，我们既拯救不了任何人，也留不下任何财物。早在1776年10月我就提议迁出威廉斯堡，但是我的建议并未被采纳，直到1779年的议会上，我的提议才获得批准。

1779年5月议会初期，我就做好了准备而且获准起草一项法案，宣布什么人才是美国公民，提出移居国外的天赋人权，并对此项权利的行使方式作出了明确的规定。6月1日我离开议会时，把这项法案移交给了乔治·梅森（George Mason），同月26日，这项法案正式通过。

在向大家介绍我所提议并起草的法律条文时，我绝非想把法案的顺利通过归功于自己。在争论过程中，临时会有很多热心的朋友帮助我，其中有一位特别坚定，才华横溢，满腔热忱，他本人就是一位东道主。此人就是乔治·梅森。在革命舞台上活跃的众多人物当中，他最出类拔萃，心胸豁达，见解深奥，论证有力。梅森对我们的旧宪法了如指掌，他极其殷切地希望共和党人能够本着民主的原则进行改革。他的演讲虽不流畅，言辞却力度十足，他的言行举止最为动人，一旦有人提出挑衅，他就毫不留情地反击，这使得他的气场更加强大了。

在1777年举办的两届会议中，威思（Wythe）先生都担任议长，他从大陆会议回来，转而到平衡法院担任法官，这段时间，无论全体委员会面对何种问题，他始终是我得力的搭档。他正直廉洁，辨别缜密，逻辑严谨，这一切都奠定了他举足轻重的地位。在1821年8月31日我写给约翰·桑德森先生的信函中有更多关于威思先生的介绍。

麦迪逊（Madison）先生是1776年加入议会的。由于他是一位新成员，而且年纪尚轻，再加上他为人极为谦逊，以致他在1777年11月调至州议会之前都不敢在辩论中有所表现。之后，他又进入了大陆会议，只不过当时大陆会议的成员还很少。连续辗转于这些不同的环境当中，他得到了很好的历练，变得泰然自若，处变不惊。后来，凭借睿智敏捷的思维和渊博的学识，他在自己所加入的每一个会议当中都脱颖而出。麦迪逊先生从来不偏离主题而去做无谓的辩解，而是用纯粹、经典和丰富的语言紧扣主题，始终彬彬有礼、温文尔雅地说服对手，感化他们，因此，在1787年举办的全国代表大会上他跃居高位。在之后的弗吉尼亚会议上，他力挺新宪法的一切章程，使得乔治·梅森和亨利先生的雄才伟略都黯然失色。除了才华横溢之外，他还高风亮节，从来没有遭遇任何的诽谤和污蔑。关于他的文采，以及他在最高职位时所发挥出来的超凡智慧，我无需多言，这些才华都毋庸置疑，也终将不言而喻。

第六章　建立政府

截至目前，我们只在改革的细节问题上有所进展，仅仅在个别反映总体改革方案，在性质和原则方面比较突出的紧迫问题上做出了一些微不足道的成绩。当我 1776 年离开大陆会议时，有人强烈说服我们要重新审查所有的法典，以适应我们的共和政府。现如今，既然已经没有参议会、总督和国王制止我们做出正确的举措，我们就应该完善这些法律法规，只需要本着理性的态度，放眼于全体国民的利益进行全面的修改和整顿即可。因此，1776 年议会一开始，我便提出了一条修改法律的议案，这条议案在 10 月 24 日通过了。11 月 5 日，彭德尔顿先生、威思先生、乔治・梅森、托马斯・李和我几人被任命成立一个委员会来处理此项事务。我们决定在弗雷德里克斯堡（Fredericksburg）集会，商讨具体的计划并进行明确的分工。于是，1777 年 1 月 13 日我们在那里聚首了。我们要讨论的第一个问题是我们是否应该提议废除现存的一整套法律体系，进而制定一套全新的法律法规；抑或是保留现有法律的总的体系，只是稍加修改，以使其适应当前的状态。彭德尔顿先生一反往日固守旧事物的态度，支持第一个提议，托马斯·李也赞成完全废除旧体制。那些反对此举的人指出，废除整套体系过于鲁莽，很可能远远超出整个立法机构的想象；他们还说，他们一直会时不时地修改一下殖民地的法律，删除那些过期的、废止的和过时的条文，只修正那些保留下来的法律，意在说明我们也应该效仿他们，只需要把英国的律法像我们的那样包含进去。在他们看来，制定一套和查士丁尼（Justinian）与布雷克顿（Bracton）一样的法律体系，或者如彭德尔顿先生提出的模范代表布莱克斯通（Blackstone）那样的法典，将是一项浩瀚的工程，需要大量的调研、周密的部署和理性的判断。当这一切以文字形式呈现出来的时候，由于人类语言本身就不够完善，不能够精确地表现出观念上的每一处细微的差别，那么法律条文中的每一个字眼都会引起争议，直到一遍遍裁定之后才能尘埃落定。这样一来，我们年复一年地争论不休，所有权难以确定，到头来又像之前那般，每一个字眼都要尝试一下，都要经过不计其数的裁决，都要经历大量新的报道和评论。恐怕我们当中没有任何一个人愿意担此重任，因为为了确保系统性，这项工作必须由一个人来完成。 最后这一条建议是由威思先生、梅森先生和我提出来的。 等到我们分配任务的时候，梅森先生以自己并非律师不能胜任为由推脱了，不久之后，他便退出了委员会。 托马斯·李也给出了同样的托词，而且实际上他很快就离世了。 因此，最后只剩下彭德尔顿先生、威思先生和我三人进行分工协作。 我负责整理詹姆斯一世在位第四年（我们独立的议会成立那一年）之前的普通法系和议会立法；威思先生负责编纂从此之后到当前的英国法令；彭德尔顿先生则负责修改弗吉尼亚州的法律法规。 由于继承法和刑法都落在了我的肩上，我希望委员会能够确定一下几个主要的原则，以方便我后续进行参照。 至于继承法，我提议废除长子继承权，使得不动产和动产一样，都要遵循财产分配法，由最近的亲属共同继承。 彭德尔顿先生则希望能够保留长子继承法，但是当他看到自己难以服众之际，便建议我们采纳希伯来人的法律规定，赋予长子双倍的继承比例。 我指出，如果长子真有双倍的胃口，或者能够承担双倍的工作，那么给他双倍的权利自然无可厚非，但是鉴于他的力量和需求与自己的兄弟姐妹一样，遗产分割方面他也就不能搞特殊，其他的成员也都和我持同样的态度。

在刑法方面，大家一致同意废除死刑，叛国罪和谋杀罪除外。 其他重罪应该改为在政府公共工程中做苦工，在某些案情中，可以行使同态复仇法（即以牙还牙的治罪法）。至于最后这一条讨厌的提议是如何通过的，我已经记不清了。在我们的法律中，就只有奴隶问题还的确残留着同态复仇法的痕迹。这还是盎格鲁—撒克逊时期的英国法律，极有可能效仿了希伯来法律中“以眼还眼，以牙还牙”的处事原则，这是几个古老民族的律法，但是已经远远落后了。这几个问题一经解决，我们便各回各家开始准备后面的工作了。

2 月 6 日。在进行我的那部分修改的时候，我认为既不要为了迎合现代化的潮流而去更改旧的法规，也不要提出一些新的表达以引发新的问题，这是非常重要的。这些法律条文已经在无数次的裁定过程中得到了充分的解释和说明，当前在我们的法庭上几乎不会导致什么问题。除此之外，我觉得在起草一切新的法案时，有必要对晚期的英国律法以及在我们的议会当中提出的法案进行修改，这些法规文字冗余，语言重复，案例中又套着案例，括号里面还有括号。另外，为了体现其确定性，还费尽心思使用了大量的“前述”、“上述”、“或者”、“以及”之类的表达，看似通俗易懂，却让普通读者乃至律师困惑迷惘。从那以后，一直到 1779 年 2 月，我们一直在致力于这项工作，彭德尔顿先生、威思先生和我在威廉斯堡几乎天天见面，共同探讨并仔细审查我们各自的部分，逐字逐句地检查和修改，直到我们的意见达成一致。之后，我们返回家中，把我们修订后的版本整理出来，于1779年6月18日由威思先生和我两人提交到总委员会（彭德尔顿先生家比较远，不过他已写信授权我们代为提交）。在整个编撰过程当中，我们把许多我们认为有必要修改的普通法予以编纂，将包括从《大宪章》至今的所有英国宪法，以及我们认为应该保留的议会成立至今的弗吉尼亚州的所有法律都整编到一百二十六项法案之内，打印出来总共有九十页对开本那么厚。我们会时不时地拿出其中的一些法案进行讨论，然后再予以通过，然而，大部分的工作直到1785年实现全面和平之后议会才开始着手处理，当时麦迪逊（Madison）先生孜孜不倦，顽强地抵抗着来自法学家和半法学家们无休止的谬论、狡辩、曲解、抱怨和拖延。不过，大部分法案最后还是通过了，很少有被改动之处。

关于宗教自由的原则，以前就有了一定程度的规定，基于一切理性和正义的思量，我已经起草了一份确立宗教自由的法案。这也依然遭受了对手的反对，最终，尽管序文部分被大肆修改，整个法案还是通过了，唯一有一条提议证明这项法案旨在实现全球范围内的意见保护。序文中提到，强制性施压是与我们宗教的神圣创始者的初衷背道而驰的，对此，有人提出了一项修正案，也就是在其中加上“耶稣基督”这几个字，这样一来，原文就变成了“与我们宗教神圣的创始者耶稣基督的初衷背道而驰”。这个提议遭到了大多数人的反对，足以说明他们想保护所有的犹太教徒和非犹太教徒、基督教徒和伊斯兰教徒，以及印度教徒和各个教派的异教徒。

贝卡里亚（Beccaria）和其他一些探讨犯罪与刑罚问题的作家已经向这个理性的世界证明了一个道理，即用死刑去惩治违法犯罪行为是不正当的，也是无效的。他们还指出，在道路、隧道和其他市政工程中服劳役可以有效替代死刑。法律修订者采纳了他们的建议，但是我国的普通民众尚未达到这种觉悟。因此，在众议院中，这项提倡罪罚量刑的法案以一票之差未能通过。我后来听说，当中服劳役的刑罚曾被尝试过（我感觉是在宾夕法尼亚州），但是却以失败而告终。众目睽睽之下，那些罪犯们光着头，穿着寒酸的囚服，在公路上辛勤地劳动，颜面扫地，尊严尽失，陷入了绝望的深渊，道德和人格都毁灭殆尽，哪里还谈得上什么改造。1785年，我人在巴黎，当时委派到里士满美国国会大厦的几位监工写信给我，请我关注一下他们谈到的法律问题，并针对一项计划以及一所监狱的规划事宜提出一些建议。我觉得这是一个千载难逢的好机会，我们可以把古典风格的建筑引进到该州。在当时，尼姆的方形大厦（一座古罗马神殿）堪称现存的最完美的立方体建筑典范，因此，我向曾经出版了尼姆古迹图的克莱利索先生（Clerissault）提出请求，希望他能够用灰泥为我建一个方形大厦的模型，只需要把柱型从科林斯式改成爱奥尼亚式，因为前者太过繁琐和复杂了。然而，比起宏伟的古代柱形，克莱利索先生更钟情于现代的斯卡莫奇柱形，我不得不向他妥协。这项工作是由一位艺术家完成的，乔瑟尔·古费尔（Choiseul Gouffier）曾带这位艺术家去过君士坦丁堡（Constantinople），当时古费尔在那里担任大使，他要求艺术家将希腊建筑的遗迹做成精美的模型，以期在巴黎展出。为了使其外表为我所用，我设计出了一张内部草图，为立法部门、行政部门以及司法部门各自安排了专用的房间，使得各个套间的大小和分布与整栋建筑的外形和规模相吻合。1786 年，这些都提交给了上述的几位监理，并且开始付诸实施，其中有一些改动并不乐观，不过重要之处将来还是可以再次进行修改的。同时提出的还有一个建造一座监狱的计划，关于该计划，我曾听说英国的某个慈善团体经政府许可沉溺于一项实验，将一些罪犯“单独拘禁”，并且命令他们从事体力劳动。这项旨在研究劳役效果的实验居然成功了，真是不可思议。无独有偶，法国也提出过同样的建议，一位来自法国里昂（Lyons）的建筑师曾经精心设计出了一座基于“单独拘禁”原则的监狱。我得到了一份图稿，但是由于这个监狱对我们的目的而言实在是太大了，我就自己绘制了一个规模较小却方便我们随心所欲进行扩充的草图。我并没有提交一份普通监狱的建设方案，而是把这张图寄给了这项工程的监工们，希望它能让人产生单独拘禁中进行劳役的想法，而不是像我们在修订版本的法案中提到的在公共工程中进行苦役的念头。后来，拉特罗伯（Latrobe）负责实施了这项计划，在指导建造现在人们所谓的教养所的过程中，拉特罗伯采纳了它相应的原则，而不是其确切的形式。与此同时，伴随着时间的推移、人们思考的加深，以及宾夕法尼亚的模范带头作用，公众舆论也日趋成熟，从1786年到1789年，宾夕法尼亚州在未经许可的情况下，曾尝试了让监禁的犯人在公路上服劳役，后来转而遵循教养所有关监禁和劳动的原则，进展得十分顺利。1796年，我们的议会重新探讨了这个问题，而且通过了修订共和国刑法的法律。不过，他们采纳了单独劳役的政策，而不是当众劳动，为持续监禁的刑罚设置了等级，使得法令条文与现代的惯例更为接近，他们没有接受我法案中的提议将蓄意谋杀和过失误杀区别开来，而是使用了“一级谋杀罪”和“二级谋杀罪”等措辞。至于这些内容到底是增加了还是减少了人们对于这些定义的争执，我说不好，因为我本人对我们的司法事务了解甚少。不过，在这里我还是要附上我的法案原文，以及我在调查这个问题时所做的记录。

2月7日。按理说，议会中有关威廉和玛丽学院的法案是由彭德尔顿先生负责的，然而这些都和学院的收入息息相关，而学院的章程、组织和学科范畴都源自宪章。于是，我们觉得针对这一问题应该提出一套系统的方案，以倡导普通教育，经大家商议，这件事情由我负责。因此，我制定了三条修订法案，提出了三种不同等级的教育方式，其中涵盖了各个阶层。第一，所有儿童，无论贫富，都可以接受初等教育。第二，所有生活富裕的人民可以享受心向往之的中等教育，以达到共同的生活目标。第三，想要追求最高标准的学科教育，可以选择高等教育。第一条法案旨在把每个县划分为成百上千个小区，根据每个小区的规模和人口配备一个学校，让学生们在校园里学习阅读、写作以及普通的算术；整个州可以分成二十四个地区，每个区建立一所学校，以教授传统文化、文法、地理以及数值运算的高级分支。第二条法案旨在修订威廉和玛丽学院的章程，扩大其学科范围，以使其发展为一所名副其实的大学。第三条法案的目的是建成一座图书馆。这些法案也是一直到了 1796 年才得以施行，而且那时只有第一条关于提供初等教育的法案才开始被付诸实施。威廉和玛丽学院纯粹是一所隶属于英国国教的学校，访问者必须都要是国教的成员；教授要签署三十九条条款，学生要学习其教义问答书，该学院的一个重要的教学目标就是为国教培养牧师。因此，所有反对国教的民众都心生戒备，担心这样会让英国国教占据统治地位，所以他们都拒绝遵守这项法案。除此之外，这一带的怪异特征以及不健康的秋季气候也都让人们对它的喜爱大打折扣。在有关初等教育的这条法案中（第一条法案），他们增加了一项规定，即每个县的法院可以自行决定何时开始在县里执行这项法案，这样一来，原法案彻底失去了意义。这个法案中还有一项规定，每个县里学校的开销应该由该县的居民来承担，每个居民所承担的比例与他所缴纳的国税相一致。这样，富人就要为穷人的教育买单了；然而，法官基本上都来自富有阶层，他们是不会乐意支付这笔费用的，而且我相信任何一个县都不会带头实施这项指令。倘若我有足够的精力和决心的话，我会在我的自传结束时重申这个问题，因为现在我已经感到厌倦了，不想再谈我本人的问题了。

关于奴隶问题的法案只是把现行的有关奴隶的法律梳理了一遍，并未谈及任何一个将要全面解放奴隶的计划。我们认为这个计划最好要保留一下，将来无论何时出台也只有通过修正的方式来解决。不过，大家就修正案的原则问题还是达成了共识，也就是说，在特定的某一天之后出生的所有人都将获得自由，所有人在达到合适的年龄之后都可以遣送出境。但是，我们发现，民心不会偏向这项提议，就算是到了今天人们也不会接受这个主张。然而，我们相信，在不久的将来这项提议一定会被接受和采纳，否则各种各样的问题将会层出不穷。在命运之书中，这些人终将重获自由，没有什么比这更加确切的了。此外，同样确定的是，拥有同样自由的两个种族绝不能够共享同一个政府。本性、习惯、主张已经为这两个种族划清了界线。我们仍然有能力控制和平解放和迁出的过程，我们要放慢节奏，让邪恶在不知不觉中逐渐消失，他们的位置逐渐被自由的白人劳动者所取代。反之，如果我们以暴力相加，人性势必会因备受桎梏的命运不寒而栗。我们不应该效仿西班牙人驱逐摩尔人（非洲西北部阿拉伯人与柏柏尔人的混血后代）的做法，这是徒劳无益的。西班牙的情形跟我们目前的状况大相径庭。

我认为这四项已通过或者已报告的法案可以形成一个体系，有了这个体系，无论是古代还是未来的贵族统治都将元气大伤；此外，这个体系还将为建立一个真正的共和国政府奠定坚实的基础。限定继承法的废除可以有效防止贵族家庭中财富的长期积累和留存，还可以防止国土日益沦为私人的永久资产。通过废除长子继承权，实现遗产平均分配，废除了在封建制度下每个家庭中只有一人富裕，其他人皆贫困的不近人情的差异待遇，取而代之的是平均分配的原则，这算得上是所有的土地法里最佳的政策了。自由信仰权利的恢复使得人们再也不用为自己并不信奉的宗教缴纳税款；诚然，英国国教就是富人的天下，而异教完全是不太富有的人群组成的，对于这些人来说，一项普通教育的法案就能够了解他们的权利并予以维护，还可以充分发挥他们的聪明才智实现自治，所有的这一切将不会侵犯到任何一个公民的任何一项权利。除此以外，为了保险起见，还将在平衡法院中引入陪审团庭审的制度，因为在我们的财产问题上，平衡法院已经而且还会持续占据很大一部分的审判权。

1779年6月1日，我被任命为第二任弗吉尼亚州州长，随即退出了议会。我当时还被选为威廉与玛丽学院的视察者，该学院是一个拥有自主选择权的机构。居住在威廉斯堡的那一年，我对该学院进行了机构重组，取消了文法学院和神学以及东方语言学的两个教授职位，同时分别为法治课、解剖学以及现代语言学各增设了一个教授职位。按照规定，我们只能有六个教授职位，于是我们不得不让伦理学教授兼任自然法、国际法以及美术教授，让数学和自然哲学教授兼任博物学教授。

可以说，我现在已经和弗吉尼亚州融为一体了，所以写我这两年的执政历史无异于让我去书写这两年时间内弗吉尼亚州的革命史。有人已经完成了这项工作，尤其是吉拉丁先生（Girardin），他居住在米尔顿（Milton）期间为伯克编撰的弗吉尼亚州的历史写了续编。在编写过程中，他自由地借鉴了我所有的文件，写出来的信息非常可靠，我自己写的话也差不多就是这样的标准了。因此，再写我这段的生活经历时，我基本上就是在参阅他的记载。我相信，在遭遇侵略的情形下，我们都要吃苦，人民更容易对军事首领产生依赖，而军事首领，兼具军权和民权，就可以依仗双重权力，投入更多的精力和效力来捍卫领土，于是，在任职第二年我辞去了州长职务，由纳尔逊将军（General Nelson）继任。

就在我1776年9月离开大陆会议不久以后，也就是在9

月 30 日这天，我被任命为特派员，和富兰克林博士一起前往法国进行谈判，同法国政府签署同盟和商贸条约。当时正在法国负责军需物品采购工作的赛拉斯·迪恩（Silas Deane）加入了我们。但是，我的家庭状况让我面对进退两难的处境，我无法脱身，也无法让家人面临航海的危险或者被海上密布的英国船舰俘获的危险。我还意识到，最艰巨的任务其实在国内，重组政府的话，我们必须要解决很多有关长远利益的事宜，要顽强抵抗来自四面八方的威胁，捍卫我们的家国。因此，我谢绝了这项任命，李博士代替我前赴法国。

第七章　选民代表

1781年6月15日，我被任命为全权公使，与亚当斯先生、富兰克林博士、杰伊先生以及劳伦斯先生一起进行和平谈判，当时各方都期望通过俄国女皇从中调解从而实现和平的夙愿。出于和上次同样的原因，我依然婉言谢绝了，而事实上，这个谈判从来没有进行过。然而，到了1782年的秋天，议会获悉冬季和来年春季将实现全面和平，这给了我们一颗定心丸，同年11月13日，议会恢复了我的任命。不幸的是，两个月前我痛失爱妻，在过去的十年里，我们相亲相爱，享受着人世间最温馨最浪漫的幸福生活。当时，无论是为了公众的利益，还是为了我自身的心境，我都需要改变一下眼前的状况，于是我接受了这项任命，于1782年12月19日离开蒙蒂塞洛（Monticello），动身前往费城，1782年12

月 27 日抵达目的地。后来，法国大使卢塞恩（Luzerne）给了我通行许可，让我乘坐罗缪拉斯护航舰，我接受了。但是当船行驶至巴尔的摩下游几英里处时被厚厚的冰层封住了。因此，我不得不在费城再待一个月，这期间，我在政府办公室查阅文件，以期能够了解我们外交关系的基本情况，然后再回到船上等待它能够破冰起航。在那里等了差不多一个月之后，我们接到了消息，我们的特派员已经于 1782 年 9 月 3 日签署了临时条约，等到法国和英国达到和平之后这个条约就会正式生效。考虑到我再前往欧洲也没有多大意义，我就立即回到了费城，继续待命，国会也同意不再派我出使欧洲。所以，1783 年 5 月 15 日我又回到了自己家中。

次月 6 日，州议会任命我为国会代表，但是该任命要等到 11 月 1 日我当前的任命期满后方可生效。于是，10 月 16 日，我离开了家，11 月 3 日到达国会举办地特伦顿（Trenton）。11 月 4 日，我正式就职，同日国会休会，并安排 26 日在安纳波利斯（Annapolis）复会。

国会当时成了一个非常小的机构，议员们也都懒散怠惰，玩忽职守，以至于芝麻大一点小事儿还得多州共同商议，但是直到 12 月 13 日这些州才陆续到齐。

早在 1782 年 1 月 7 日，他们就已经把注意力转移到了几个州的货币流通上了，而且还指示金融家罗伯特·莫里斯（Robert Morris）提交一张有关外币流入国库的比率表。罗伯特，或者更确切地说是他的助手古弗尼尔·莫里斯，于1月15日给了回复，把各个州流通货币的名称以及我们主要接收的外币的相对值详细而又清晰地呈现出来。他觉得我们有必要建立一个价值标准，以及一个统一的货币单位。对于货币单位，他提议使用少量的纯银作标准，确保各州所用的便士有个公约数，这样交易时就不会有除不尽的情况。他建议这个公约数最好是1/1440美元，或者是1/1600英镑。因此，1美元的价值可以通过1440个单位来体现，而1英镑的价值则可以透过1600个单位来呈现，每个单位价值1/4格令（英美制最小重量单位）的纯银。第二年，国会又一次把注意力集中在这个问题上了，1783年4月30日，这个金融家写了一封信，进一步解释了他所提出的衡量单位这一问题，并催促我们采纳他的建议，但是这事儿后来就没有什么进展了，直到第二年，这个问题又被提出来了，并且上报给了委员会，我当时是委员会中的一员。其实，他总体的视角是非常合理的，而且他提出了一种颇有独创性的确定单位的原则。但是，这种方法用于日常生活真是太过繁琐了，无论是用头脑计算还是用数字表现都大费周章。比如，一片面包的价格是1/20美元，也就是72个单位；一磅黄油的价格是1/5美元，也就是288个单位；一匹马或者一头牛的价格是80美元，用这种单位表示的话就达到了六位数，即115200个单位；再比如说，我们假定公债是8000万美元，换算之后就达到了十二位数，即 115200000000。这样一个复杂的货币计量体系用于社会上的一般用途的话，真是完全行不通。因此，我不主张使用这种计量单位，而建议使用美元作为计算和支付单位，而美分等更小的单位采用十进位。对于这个问题，我写了一些说明，还征询了金融家的建议。他回复我了，但是还是坚持他自己的那一套体系，只不过同意把他之前的提议缩到百分之一，也就是说，1 美元的价值即 14.4 个单位，1 英镑的价值为 16 个单位。对此，我也作出了回答，并将我的建议和回复印成传单，提交给了议会的其他成员，议会同意对我的方案作出报告。第二年，我的方案正式生效，而且这也是当前所通用的计价方法。把一美元划分为十美分、一美分和一密尔（美国和加拿大的货币计量单位，尤其用于计算房产税，相当于一美元的千分之一），这些大家都很清楚，所以，类似的度量方式大家也都很容易就能接受了。当我去旅行的时候，我使用了克拉克发明的里程表，把英里数通过美分来呈现，我发现每个人都很容易理解这点，类似的，将英尺和英镑也都用美分呈现出来，人们也会很容易就理解了。

议员们疏于职守，却又面临着无休止的会议，大家纷纷感到不安，有些部门甚至建议议员们进行休会，定期再举行会议。十三州联邦并没有选举出一位有形的首脑来负责休会期间的相关事宜，但是这样一位领导是非常有必要的，因为他可以监督行政事务，接见外交部长，还可以在紧急突发情况下召集国会成员，因此，我在四月份伊始就提议成立一个“各州委员会”，各州各选出一位代表，在国会休会期间，各州委员会的成员还要继续开会。此外，我还建议将国会的职能划分为行政和立法两大部分，后者予以保留，而前者可以通过集体决议委托给各州委员会。后来，我的建议被采纳了，各州委员会也被选举出来了，而且在下次国会休会期间就要开始发挥其作用。然而，不久以后就起了争执，各州委员会分成了两派，他们放弃了自己的岗位，使得政府在下一次国会之前始终没有元首。后来，法国政府也遭遇了同样的局面。我认为，在多人组成的行政部门中，此类问题很难避免。我们的计划最好选出多位顾问，但是只有一位仲裁者可以做出最后的决定，这样就可以集智慧和实用性于一体。得知委员会搞分裂的时候我正在法国，当我和富兰克林博士聊到人们这种爱争论和搞分裂的怪异倾向时，他像往常一样，通过寓言故事表达自己的想法。他谈到了坐落在英吉利海峡的埃迪斯通灯塔，塔身立于海峡中间的一块岩石上，由于冬季海峡上环境恶劣，基本上没有人进得去，所以秋天就要给他们送去过冬所需要的物资，直到天气转暖的时候才能再见到他们。开春第一天，一艘船给他们运去了新的物资，当船夫在门口看到其中一位灯塔守望者的时候，便问道：“你还好吗？”他回答道：“我很好。”“你的同伴怎么样呢？”“不知道。”“你不知道？ 他难道不在这里吗？”“我不知道。”“那你今天看到他了吗？”“没有看到。”“那你上次看到他是什么时候？”“从去年秋天开始，我就没有见过他了。”“你把他杀了？”“真的不是我。”船夫们都认为他肯定谋杀了他的同伴，想要把他控制起来，但是他要他们自己上去检查一下。于是，船夫们就上去了，他们找到了另一个守望者。原来，从他们两个被分配在这里守望灯塔的时候，他们就发生了口角，分成了两派。一人负责楼下的工作，另一个负责楼上的任务，从此以后，他们再也没有讲过话，再也没有见过面。

我们现在还是回到正题上来吧，继续探讨我们在安纳波利斯（Annapolis）的国会。我们的国会已经收到了1783年9月3日在巴黎签署的正式和约，但是未经九个州的同意，条约无法生效。因此，在12月23日这天，我们写信给各个州的州长，告诉他们我们已经收到了正式的和约，但是只有七个州出席了会议，而和约要想生效，必须要有九个州的支持，我们催促他们给各自的议会代表施压，让他们立即参加会议。12月26日，我提议让海事专员罗伯特·莫里斯分别在这里、纽约和东部港口准备一条船，这样做可以有效节约时间，一旦和约获准，便可把文件传出去。我的建议得到了大多数人的认可，只有李博士提出了反对，因为他觉得这样会造成海事专员的开销，并且提议还是立即批准和约，将其传出去。之前就有一些议员提过七个州的认可就可以予以批准了。就这样，我的建议被推迟了，来自南卡罗来纳的里德先生提出了另一个要求立即批准的方案。26日和27日这两天，我们对这个方案进行了讨论。里德先生、李博士、威廉姆森和蔡斯先生都认为批准只是一个形式罢了，早在各国部长签署和约的那一刻起，就大局已定了。即便是条约的生效需要九个州的同意，其结论也不能使条约正式生效；假设需要九个州，那么五个州就足以使我们争端不断。实际上，九个州已经认可了这个条约，因为他们已经赞成了临时条约，并且命令代表们对内容一致的正式条款予以认可。当前的条约实质上和之前的那份几乎一模一样。现在，我们只剩下六十七天的时间来批准条约并将其文本送到大西洋彼岸进行交换了，但是想让九个州同时出席会议，基本上是不可能了。事实上，六十七天已经是供我们冒险等待的最长的期限，如果条约未在规定时间内抵达巴黎，这份条约就会失效。如果真的只有七个州签署了和约，我们也可以将其密封起来再发送出去，这样英国政府根本不会知道我们只有七个州投赞成票，因为英国无权过问这一问题，至于这件事情，我们只需要为我们的选民负责，这与英国通过威廉·坦普尔先生的协商得到荷兰的支持是类似的。

与之相反，门罗（Monroe）、格里（Gerry）、豪厄尔（Howel）、艾勒里（Ellery）和我自己都认为，根据欧洲当前的惯例，一项条约正式生效之前，必须要得到批准，未经批准的条约是不具有约束力的。我们认为，条约的批准权归国会所有，条约本身就规定它需要得到大家的批准。接下来，又出现了第二个问题：谁才能有资格审批条约呢？联邦明确规定任何一项条约都需要得到九个州的批准；也就是说，条约从签署到完成的整个过程都要有九个州的认可，这样一来，在任何涉及这九个州利益的重要事宜中，联邦的权利都会得到捍卫。按照另一方的说辞，七个州，人口不足全国的三分之一，却可以把一个在九个州的委托和指令下签署的和约强加给我们，而且外交代表明显违背了这些指示，还直接牺牲了绝大多数人的利益。正式的和约并非临时和约的副本，至于违背条约规定是否要紧，九个州方能做出决断。九个州已经批准了临时条约的情况，我们的代表想要自己制定一项条约的指令以及他们基本上已经达成的真正协议都不能让我们在当前情形下行使批准条约的权力。如果上述这些情形本身就意味着批准，我们只需要用已经获准的条约的副本来换取英国的同意便可高枕无忧了。如果事情不是这样，那我们还是毫无进展，九个州没有批准，我们自己也无能为力；目前在场的七个州一致通过决议，催促缺席州的州长即刻与会，因为必须要保证九个州的许可，这个决议刚寄出去四天。英国政府一直迫切希望荷兰能够批准条约，所以才心甘情愿地接受荷兰发出去的原件；但是英国了解我们的宪法，是不会接受只有七个州批准的条约的，如果真相被隐瞒，早晚有一天会浮出水面的。到时候，他们就会有理由质疑批准的有效性，声称他们倍感震惊，受到了欺骗，这样我们的国家就会因为我们的行为而颜面尽失。我们认为获得九个州的批准还是有希望的，如果条约因为未在规定时间内批准就失去了效力，那么没有得到足够州支持的条约也没有意义。但是事实上，条约不会失效，反而会变得更加完美，无懈可击，尽管晚了几天，却是事出有因。所有的国家都会接受，英国也不会反对，只要英国不希望再启战端。如果英国决议要发动战争，即使没有这个理由，它也会搬弄是非的。里德先生说他需要表态，那些反对者直接说他们不赞成里德先生的议案。不过，里德先生本人觉得他的建议不会获准，倒不如保持沉默。只有马萨诸塞州会予以支持，而罗德岛州、宾夕法尼亚州和弗吉尼亚州都会反对，而特拉华州、马里兰州和北卡罗来纳州会产生分歧。

我们的阵容一点儿都不强大，却争执不断。宝贵的时间都浪费在这些琐碎的事情上了。我的同僚默瑟（Mercer）是诸多有病态辩论癖的议员中的一位，他情绪激烈、思维敏捷、滔滔不绝，容忍不了任何跟他不一致的见解。在一次无聊又冗长的唇枪舌剑中，他就坐在我旁边，还问我为什么面对别人一句话就可以推翻的谬论居然默不作声。我回答说，反驳他人很容易，但是缄默不语很困难。在提出建设性的意见的时候，我身负重任，可以做到当仁不让，但是一般情况下，我倒是很愿意聆听别人的心声。如果已经有辩论者提出了正当且有力的论据，就已经足够了，如果不够，我建议大家给予补充就行，没有必要再三重复别人的话语，这是在浪费议员们的时间，消耗大家的耐心，这就不应该了。我认为，如果大家都能谨遵这项制度，就能事半功倍，一天就足以完成整周的工作。在独立战争爆发之前，我曾经和华盛顿将军一起在弗吉尼亚州的议会工作，战争期间，我和富兰克林博士一起在大陆会议任职。我从来没有听过他俩一次发言十分钟，除了在重要问题上他们会发表看法之外，其他事情他们基本上都是保持沉默。他们致力于重大事件，深知大事一旦解决，小事便可迎刃而解。

提议未能通过，那些认为七个州就能够有权批准和约的人焦躁不安。1月3日，我提出采取一种折中的办法，不过该提议的前提是，只有七个州出席会议，而且这七个州要一致批准通过，但是他们在权限事宜上见解不一。相反，那些持反对态度的人不愿意看到虽有权利却无法恢复和平的现象发生，倘若能够做到这一点，既能表明他们的诚意，又不会采纳国会所谓的七州就可以行使批准权的说辞，还坚称只要他们拥有权利，一定会同意批准条约的；应该把条约传给我们的阁僚，交代他们不要外泄；再努力争取三个月的时间来交换批准；应该通知他们，一旦九个州聚齐，九个州共同批准的协议就要寄送给他们；如果经过批准的协议在交换截止日之前抵达，他们就予以采纳，而不会使用另一个方案；反之，他们将提供七个州批准通过的协议作为交换，通知他们和约送到时，国会正值休会期，但是七个州当时在场，而且一致表态予以通过。1月3日和1月4日这两天，大家都在讨论这个决案，1月5日，一艘船将从安纳波利斯港出发，驶往英国，国会要求总统写信给我们的阁僚，把具体情况说明一下。

1月14日。来自康涅狄格州的代表团昨天参加了会议，南卡罗来纳州的代表于今日抵达，条约顺利无阻地通过了，三份批准文书一份由哈默上校送出，一份由弗兰克斯上校送出，还有一份传递给了海事专员，让他择一良机转寄出去。

不久以后，国会就开始认真考虑外交关系了，他们认为自己的贸易地位必须要与别的国家的贸易地位一样有利，因此他们提出与每一个国家都签订一项与众不同的贸易协议。这一举措无异于让每个国家都能承认我们的独立性，都能和我们共创团结友好的国际关系；虽然理应如此，我们却不愿屈尊求人，但我们乐于接受他们的问候和欢迎。虽然我们已经和法国、尼德兰联邦以及瑞典签订了贸易协议，我们也向其表示，如有必要，可以修改协议。此外，我们还计划与英格兰、汉堡、萨克森、普鲁士、丹麦、俄国、奥地利、威尼斯、罗马、那不勒斯、托斯卡纳、撒丁、热那亚、西班牙、葡萄牙、土耳其、阿尔及尔、的黎波里、突尼斯和摩纳哥等签署协议。

第八章　崛起之路

国会于5月7日决定，除了亚当斯先生和富兰克林博士之外，还需要任命一位全权大臣与外国磋商通商事宜，我当选了。因此，11日我就离开了安纳波利斯，当时我大女儿刚好在费城，便和我同去了，另外两个女儿年龄尚小，不宜航行。我们先抵达了波士顿，从那里再出发。途经各州时，我打听了每个州的贸易情况，到达新罕布什尔时亦是如此，然后返回波士顿。从那里，我们于7月5日搭乘纳撒尼尔·特雷西先生的商船“塞雷斯号”，动身前往考维斯（Cowes）。特雷西先生也在这条船上，航行的这十九天，我们完成了从陆地到陆地的行程，非常愉快，于26日抵达目的地。由于我女儿略感不适，我在考维斯停留了几天。30日，我们乘船前往阿弗尔，次日抵达，8月3日我们离开了阿弗尔，8 月 6 日到达巴黎。 我即刻去了帕西区拜访了富兰克林博士，向他传达了我们的指令，之后我们一起给正在海牙的亚当斯先生写信，让他到巴黎和我们会合。

我离开美国之前，也就是在 1781 年，我收到了法国驻费城公使馆大使马博瓦先生的一封信，信中说，法国政府想获取有关美国各州的统计账户来帮助分析他们国家的相关信息，还问了我一些关于弗吉尼亚州的问题。 之前，一有机会我就会习惯性地搜集我们国家的所有信息并且记录下来，因为我觉得这些资料可能会对我日后的公共事业或者私人事务有所帮助。 我把这些资料都写在了一页页的纸上，杂乱无章地捆在一起，以致我想找某一张都要大费周章。 我认为这是一个发挥他们作用的好时机，于是我就按照马博瓦先生提问的顺序予以整理，既能满足他的需求，又能很好地安排这些资料以备他口之需，真是两全其美。 有些朋友不经意间得知了这些资料，便向我要一些副本，但是资料太多，手抄起来太费工夫了，于是我提出印刷几本给他们。 但是印刷的成本实在是太高了，超出了资料本身的价值。 到了巴黎，我发现这里的要价只有之前的四分之一，因此我就修正扩充了一些信息，然后印刷了二百份，整理成册，美其名曰《弗吉尼亚日记》。 我拿出寥寥几本送给了几位在欧洲的朋友，其他的全送给了我国内的友人。 欧洲的一位获赠者去世了，他的那本最后到了书商手中，他还把书翻译了一下，出版之前把他的意向传达给我，把原稿也给我了，除了让我予以修改之外，并没有征得我的任何许可。我从来没有见过如此蹩脚的翻译，胡乱删改，扭曲事实，自始至终漏洞百出。我只把其中几个重要的问题修改了一下，法文版的就这样上市了。一位伦敦的书商看到了翻译的版本，就请求我允许他出版英文原版的，我觉得这样最好了，因为可以让世人了解到这本书并非如法文译本那么糟糕。这就是《弗吉尼亚日记》出版的来龙去脉。

不久以后，亚当斯先生就和我们在巴黎会合了，我们的第一项任务就是准备一张总表格，递交给那些有意与我们洽谈的国家。在与英国特派员戴维·哈特利（David Hartley）洽谈和平事宜时，我们的专员在富兰克林博士的示意下提出插入一项条款，即战争期间，交战国从事国际贸易的商船和货物不得被双方公私武装船只逮捕。英国拒绝了这项条款，我觉得此举很不明智。因为在与我国交战过程中，英国在海上遭遇的危险贸易比我们的多得多；猎物越多，捕猎者的数目也就越多，所以看到那么多可以缴获的财富，我们的武装民船就会蜂拥而至，而相比之下，英国的武装民船因缺乏袭击对象就会寥寥无几。我们把这项条款加到了表格中，规定不得骚扰未设防地区的渔夫、农夫以及手无寸铁的公民，要以人道主义态度对待战俘，废除战时禁运品的规定，因为这会给商船带来无尽的麻烦，造成破坏性的扣留和虐待，同时还要倡导免征货物进口税。

在与韦尔热纳伯爵（Count de Vergennes）谈判之际，双方一致认为应该修订贸易往来的法律规制，和平友善地处理相关事宜。我们从容淡定地试探驻凡尔赛宫的几位欧洲使节对相互贸易的意向，看看他们是否在施权宜之计，通过保护条约之名来鼓励通商。年迈的普鲁士国王弗雷德里克（Frederic）第一时间热情地接见了我们，还命令他在海牙的公使杜尔迈耶男爵（Baron de Thulemeyer）与我们进行谈判。我们最后把谈判方案呈递给国王，他没提出任何异议便签署了协议。丹麦和托斯卡纳也都相继和我们进行了谈判。其他国家似乎漠不关心，但我们认为最好不要给他们施压。事实上他们似乎对我们了解甚少，只当我们是反叛者，成功地揭竿起义，脱离了母国。他们对我们的贸易一无所知，因为这些一直被英国垄断了，他们更不了解贸易往来会对双方都有利。因此，他们只是处于观望状态，在搞清楚对他们有利的双边关系之前决不轻举妄动。所以，我们故意延长与丹麦和托斯卡纳的谈判，直到我们委任期满。而且我们放弃向那些没有殖民地的国家提出新的议题，因为我们的贸易是要用原材料交换加工品，这是进入那些加工成品的殖民地的指定条件。

由于被任命为美国驻伦敦全权公使，亚当斯先生 6 月份离开了我们。1785 年 7 月，富兰克林博士返回美国，我奉命接手他在巴黎的工作。1786年2月，亚当斯先生写信给我，强烈要求我即刻前往伦敦与他会合，因为他发现伦敦有和我们友好往来的迹象。传信的正是他在公使馆的秘书史密斯上校。于是，3月1日，我离开了巴黎，一到伦敦，我们就达成共识，制定了一项简明的条约，提议在我们的公民、船只以及产品等问题上交换公民身份，公职除外。正如以往我觐见国王和王后时的情景一样，他们对亚当斯先生和我极其无礼。我立刻清楚地意识到他们心胸狭隘，我要谈的问题根本无法达成。第一次与外交大臣卡玛申侯爵进行会谈时，他言辞中表露出来的疏远和厌恶，以及他闪烁其词的回应，都让我坚信他们讨厌和我们有任何往来。尽管如此，我们还是让他看了我们的草案，对此结果，亚当斯先生并不像我那么悲观绝望。之后，我们不止一次请求他再和我们面谈一次，他虽未直接拒绝，却找出各种理由对我们避而不见。在那里待了长达七周的时间，直到我们任期将满，我才告知公使我要返回巴黎，因为还有些事情亟待处理，我还说，如果有任何指令需要我向驻巴黎大使传达的话，我乐意效劳。他说没有什么要吩咐的，希望我旅途愉快。26日我离开伦敦，于4月30日抵达巴黎。

我们在伦敦与葡萄牙驻伦敦大使品托骑士进行了洽谈。只有一项条款不太顺利，按照规定，我们的面包原料应该是以面粉和谷粒的形式进入葡萄牙。他本人对此并无异议，但是他指出，葡萄牙宫廷中有一些达官贵族在首都里斯本（Lisbon）附近有私人风车，他们主要是靠加工我们的小麦来获取利润，然而这项有关原材料的规定会对整个条约不利，不过他最后还是签订了条约，最终的结果真的如他所言。

我在巴黎的工作仅为了达成几个目标：让法国以优惠条件进口我们的鲸油、咸鱼和咸肉；让我们的大米输入享有和皮埃蒙特（Piedmont）、埃及和黎凡特（the Levant）同样的条件；减轻租税包收人对我们烟草的垄断；允许我们的产品自由进入他们的岛屿。以上就是我要努力实现的主要的贸易目标。在这些问题上，拉法叶特侯爵尽心尽力地辅助我，热情地推进我们两国的友谊和福利事业。而且，平心而论，法国政府完全乐于与我们为友，凡事只要不触碰法国的利益，就会完全顺应我们的心愿。外交方面，韦尔热纳伯爵对待外交使团谨慎狡猾，这是出了名的。或许对待那些他认为狡猾老到、口是心非之人是这样的。他感觉我行事直截了当，没有心机，不耍阴谋，也没有任何不可告人的目的，我认为他跟我合作过的所有人一样坦率可敬，通情达理。他的继任者蒙穆兰（Montmorin）亦是如此，他也是一位极其诚实可靠之人。

我们的两条商船和船员被巴巴里巡洋舰俘获了，这为我们在地中海沿岸的商贸活动敲响了警钟。我非常不愿意默认欧洲各国对这些非法海盗的纳贡，这很可耻，便努力联合那些曾蒙受海盗折磨的势力。因此，我筹划并向各国驻巴黎大使提出了特殊联盟公约，想和各国政府共同商讨。公约的具体内容如下：

各国与巴巴里海盗国家交战公约

1. 建议与巴巴里海盗国家交战的诸国，或者两个或以上的国家自愿达成协议，一致对抗以阿尔及利亚为首的海盗国家。

2. 任何国家任何时候同意加入联盟，本公约对其依然有效；根据申请加入时的情况，各国保留规定加入条件的权利。

3. 本公约旨在迫使海盗国家无条件维护永久和平，确保各方的稳定与和平。

4. 为实现和平，需要各国达成协议，成立一支海军，命其时刻在他们的海岸巡逻。为避免给任何一方带来不便，该军队不宜过大，六艘护卫舰、六艘辅助舰或三桅帆船（分成两队进行调休）就已足够。

5. 这支海军须由各国按照一定的配额进行组建，各国要乐于按照当前的情形提供合理比例的兵力。

6. 行动失败往往是因分歧所致，因此各国现在就要慎重考虑并决定是否最好提供定额的资金，以用于装配船只，以保证其顺利执行规定的任务。

7. 如果每个国家都独立统领自己的军队，势必会延误行动，增加困难。因为政府之间距离遥远，无法商讨问题。因此能否在欧洲的某个国家建立一个各国大使或部长聚集的场所，形成一个委员会或理事会，以将公约付诸实践。当中，每个代表的表决权由各个国家相应配额大小计算。凡尔赛宫应该是最佳地点，因为它邻近地中海，而且几乎所有参与公约的国家在此都驻有代表。

8. 为了避免官位利益带来的尴尬，保证每个集团的贡献为特定目标所服务，委员会不得设立有薪水和津贴的职位，如委员会秘书一职，也不能设立任何有利可图的职位，但应有人承担这些职务。

9. 成员国中任何两国发生战争，剿灭海盗事业不得中断，而应该为了此项事业又友好相处。

10. 阿尔及利亚投降之后，其他海盗国家如果继续其抢掠行为，则为公约国共有之公敌，公约国可依据形势采取最佳策略。

11. 当公约妨碍到公约国和巴巴里国家（埃及和大西洋之间的北非伊斯兰教地区）存在的条约时，条约先行，允许该国退出行动。

西班牙刚花费三百万和阿尔及利亚达成协约，因此不愿在协议结束前失去其带来的利益。葡萄牙、那不勒斯、两西西里王国、威尼斯、马耳他、瑞典，非常乐意加入联盟。但他们驻巴黎代表却表示，法国或公开或私下介入或支持巴巴里势力。因此他们要求我查明韦尔热纳伯爵（Count de Vergennes）在这件事情上的立场。我之前曾告诉过他我们的提议，因此我认为对他主导的政府公正性提出怀疑是不合适的。但为了申明我方立场，我跟他说明了我们对于英格兰会代表海盗国家介入其中的担忧。他则回答说："英格兰不敢这么做。"于是，我也没有再进一步探求。其他代表对于这个答案所传达出的信息表示十分满意。现在除了获得政府的同意，并以其权威提出正式议案之外，各国已别无所求。我向各国代表沟通了保护我们的商业不受巴巴里国家侵犯的有利方面，这可以通过将他们驱逐出海洋，将他们从掠夺者逐渐转变为农业人这一方式改变他们的习性。而要做到这一点，他们需要贡献出一艘防护舰，还要做好时常有物理摩擦的准备。但是，实际上，他们并不会接受这样的行为。

1786 年 5 月 17 日，在巴黎，我结识了康涅狄克州的约翰·雷雅德（John Ledyard）。他颇富才华，在科学上颇具造诣，同时充满了勇气和进取心。他曾在去太平洋的航行中遇见库克船长，多个场合之中展示了其无与伦比的勇气。之后他还出版了关于那次航行的书，其中提到了库克船长对待野蛮人的态度，这也减轻了我们对于库克船长命运的惋惜之情。雷雅德来巴黎是为了成立一家皮毛贸易公司，与美国西部海岸进行贸易，但却几乎破产，他对此很失望，那段时间他整个人都十分迷茫，焦躁不安。因此，我建议他积极开拓西部大陆的事业，取道圣彼得堡到堪察加，再想办法乘坐俄国船只到达诺特卡湾（Nootka Sound），之后穿过大陆到达美国。我则负责帮他争取到俄国女皇的许可。雷雅德先生马上接受了这一建议。俄国大使西蒙林（M. de Semoulin），女皇的特使格林姆男爵（Baron Grimm）都在帮忙。此处，我必须更正在其他地方提过的对女皇的偏见。在为路易斯船长《太平洋探险》一书的序言中，我说女皇虽然放行，却收回了授权。二十六年过去了，这件事突然跳出在我脑袋里，让我对过去的观点产生了怀疑，使我内心感到不安。回看我当时写的信件，考虑到企业属于纯商业性质，女皇开始拒绝发放许可。雷雅德没有轻易放弃，他坚信去圣彼得堡就能用计划的可行性来说服女皇，征得她的同意。然而他到的时候，女皇正好去了别处巡视，于是他不得不继续旅程，但却在距堪察加两百英里时，被女皇派来的人逮捕了。于是他被送回了波兰，随后被释放。公正起见，我不能怪罪女皇，因为在这次活动中，她并没有批准或允许任何行动，当然在她的领土上，她也不会纵容人。

第九章　革命前兆

5 月 18 日。法国财政困难导致变革发生，近两个世纪内没有发生过这样的事情。究竟是好是坏无法估量。事情已经发生很久了，原因是什么，值得我们探究。

英法两国的一些知名作家关于政府主题已经起草很多文章。而美国革命使得法国深处迷茫中的人民渐渐清醒过来，比较有思想的人，在专制的统治之下也开始思考。而一些去过美国的年轻人，本身就少有保守意识和偏见观念，比其他人更容易接受人权思想。他们带回了新的想法和思潮。随之，出版业也开始脱离传统的束缚，人们开始讨论提出了新的政治、新的自由。这时，组成人员涉及面广泛，参与热情积极的政党逐渐形成。他们被称为爱国党人。他们深刻地认识到了政府的昏庸无道，希望重组新的政府。爱国党人包括所有真心关心这个国家的人，其中有博学的文人、富有的资本家以及年轻的贵族，他们之所以加入爱国党，一是为了反思，一是为了追求风尚，因为这已经成为一种风靡一时的思潮，而且大部分年轻的女性也被纳入了这个组织。对国家而言，所幸的是，当时王后和宫廷的挥霍无度、抚恤金的滥用、财政各部门管理的混乱已经使国库亏空，国家信誉扫地，国家最重要的功能也毁灭殆尽。想要根除这些诟病，就意味着内阁倒台；另一方面，想要借助王权强加征税也是不可能的了，因为议会强烈反对登记新税。当时真是无计可施，只能寄希望于国民。国王因此建议召集举国贤才，当众承诺要对政府的组织和政体进行多项重大改革，以诱惑他们支持新税提案，进而抗衡议会的反对，提高年收入以抵消开支。就这样，国王提名了一百五十名权贵，于 2 月 22 日召开了显贵会议。财政部长卡隆（Calonne）在会上指出，路易十六即位时，年财政赤字 3700 万里弗尔（古时的法国货币单位及其银币）；举债 4.4 亿里弗尔重建海军；耗资 14.4 亿里弗尔（2.56 亿美元）参与美国战争，这些款项的利息加上其他额外的支出又造成了 4000 万里弗尔的赤字（但后来更坦白的估值是 5600 万里弗尔）。他提出要把这些诟病公布于众，充分解决所有问题，并给出了合理有效的解决方案，由于他冠之以如此崇高的目标，这巨额的赤字竟显得微不足道，丝毫没有引起大家的注意。这一百五十人堪称法国最有能力最公正独立的精英，如果他真能得到这些人的支持，就大功告成了。他们想抓住这个机会根除弊端，并同意缓解国库紧张的状态，但是首先需要挖出导致这些诟病的原因。据说卡隆清楚地知道自己的账目不堪调查，有人坚信他请求国王把四名成员关进巴士底狱（其中一个是拉法叶特侯爵），还放逐了二十人以及两位朝中大臣。但是，国王觉得还是放逐卡隆比较省事儿。新继任的财政部长大力配合显贵会议的各项工作，结果，年收入果然提高了，开支也减少了，政府账目每年都当着一个委员会的面进行结算，以前审计官理应与国王本人进行结算，当然从来也没有这样执行过。除此之外，还确认国王不能再征收新的赋税，要对刑法进行改革，要根除强迫劳役之下的折磨和镇压，要改革盐税，要取消内地海关，要促使粮食在国内外自由贸易，另外还要成立省议会……这些措施将大力改善整个国家的状况。其中成立省议会本身就发挥了举足轻重的作用。省议会将由国民决定，在那些没有自治州的省份，也就是说全国四分之三的地区，省议会每年会更新三分之一的成员。省议会一部分是行政部门，一部分是省长的执行委员会，在此之前，每个省的行政权完全掌握在省长手中。由于省长是人民选举的，他们会使无情的法律多一些人性化，作为国王的代表，他们会责难劣质的律法，倡导好的法律，揭露暴行，一旦联合起来，这些代表们会备受尊崇。另外，召集全国显贵还会带来一个好处，这种做法会逐渐形成一种良好的习惯。大家都希望国王能够兑现昔日的承诺，有条不紊地推进各项改进，能够在他执政期间维持下去，这样，它们就会根深蒂固，成为国家体制的一部分，受到世世代代的保护，推动国泰民安。

在会议召开的前几天，韦尔热纳伯爵与世长辞，蒙穆兰伯爵继任了他外交大臣的职位。维拉杜尔（Villedeuil）接管了卡隆财政部长一职，洛梅尼·布里昂（先后任图洛斯大主教、森斯大主教以及洛梅尼红衣主教）被任命为首席部长，其他部长须与布里昂商议部门要事，而事实上他们只与国王本人进行过商议。此外，尼弗诺瓦公爵和马勒谢尔布侯爵也都进入了内阁。首席部长的任命一下达，塞居尔和卡斯特里这两位执法官就分别从作战指挥部和海军部退休了，他们不愿意低人一等，也不愿意替人背黑锅。他们俩的继任者分别是首相的弟弟布里耶纳伯爵和法国驻美公使的弟弟拉吕泽尔恩侯爵。

5 月 24 日，由于我的腕部脱臼没有接好，外科医生建议我去普罗旺斯（Provence）的艾克斯接受进一步治疗，用矿泉水充当强壮剂。于是，我 2 月 28 日离开巴黎前往艾克斯，但是，到了那里之后，我发现矿泉水根本没有什么疗效，便决定前往大米之乡皮埃蒙特碰碰运气，看一下能否有所收获，提高我们卡罗来纳州大米的竞争力。之后我计划畅游法国的海港城市，沿着法国南部和西部海岸进行实地考察，以寻找契机来促进和这些城市的贸易往来。游完一圈之后，我直接去了巴黎，于6月10日抵达。不久之后，差不多7月下旬，我的二女儿玛利亚从弗吉尼亚州赶来见我，我的小女儿已于不久前离开了人世。

尼德兰联邦因与美国签订了通商条约，遭到了英国的战争袭击，在这场战争中，担任尼德兰联邦总督和总司令的奥兰治王子的谋逆行为众人皆知。作为联邦执行官，他理应指挥作战，却竭力阻挠总议会的一切举措，干扰所有的军事计划，使出浑身解数出卖自己的国家，假装自己落入敌手，他相信英国会保护他，相信他王妃的兄弟普鲁士国王一定会庇护他的。联邦总议会对他这种卖国求荣的行为愤懑不已，便依照1785年与法国签署的条约向法求援。法国立即派韦尔热纳伯爵致信法国驻海牙大使维拉克侯爵，承诺他们愿意伸出援手，态度热情又诚恳。

1788年，我在阿姆斯特丹的时候，爱国党人把这封信交给了我。1788年3月16日，我写信给杰伊先生，还特地把这封信抄录了一份给他。

爱国党人旨在建立一个代议制的共和政府。绝大多数的议会成员都支持他们，但是城镇中的平民大众大多支持奥兰治亲王。英国大使哈里斯（后来是马姆斯伯里勋爵）、愚蠢乏味的奥兰治亲王及其夫人（魄力不输前两位，她肆意大胆、野心勃勃，对霸权垂涎三尺）形成了三头统治的局面，百姓深受三巨头的挑拨。在他们的煽动唆使之下，海牙的暴徒们强烈对抗议会，当街侮辱攻击议员，摧毁他们的避难所，奥兰治亲王的使命就是平息暴乱，但是他却不管不问。为了自保，议员们不得不请一个委员会来指挥他们的自卫队。亲王以自己的特权被篡夺为由，在伦敦和柏林的宫廷控诉，他忘了自己只是共和国的第一公仆，却发动他的正规军攻打乌得勒支市，当时议会正在那里召开。所幸的是，他们被自卫队击退了。此刻，他的利益与公敌的利益息息相关，却与自己国家的利益相悖。因此，议会动用主权，把他一举击垮。1786 年 8 月，腓特烈大帝已经辞世，他从来没有想过与法国决裂来支持奥兰治亲王。弥留之际，他命令不伦瑞克公爵向尚在柏林的拉法叶特侯爵宣布，他不打算维护英国在荷兰的利益；他向法国政府保证，他只希望在宪法中能够为总督及其后嗣保留一席体面的地位，只要总督不被完全废除，他绝不会参与这场争斗。但是，现如今他的亲侄子腓特烈·威廉已经继承了王位，新王愚钝无知、反复无常、轻率自私。他的姐姐亲王夫人，尽管其夫奥兰治亲王正用武力对抗国家的正当权威，她却试图鼓动阿姆斯特丹的暴民；经过一个军事据点的时候，她被拦了下来，于是腓特烈·威廉便吩咐不伦瑞克公爵带领两万士兵向荷兰方向行进。法国国王随即命令其驻荷兰大使宣布，倘若普鲁士军队继续以武力威胁荷兰的话，法国将以同盟国的身份施以援手。对此，伊登正式通知蒙穆兰伯爵，英国必须意识到其与法国在海军军备通告方面的协议已经结束，现在英国军队已蓄势待发。战争一触即发，伊登问我，在战争中我们和法国的条约有何作用，我们的意向又是如何。我立即坦言相告，我们将持中立态度，这样对英法两国都有好处，因为双方都不必担忧西印度群岛的供养问题。由于我们保持中立，英国也不必在陆地上与我们大动干戈，这样只会削弱英国在其他战场的军事力量。另外，根据我们与法国的协议，我们须允许法国武装船只及其战利品进入我们的港口，同时不得允许法国敌对势力缴获的法国战利品入港。我们还向法国做出承诺，我们会保护法国在美国的利益，如果这些利益遭到破坏，我们或许会出战。伊登说："那你们就迎战吧，因为破坏是在所难免的。"几乎同时，卡迈克尔在马德里也被利斯顿问到了同样的问题。然后，法国政府宣布决意在吉维特（Givet）成立一个观察营，开始装备海军力量，并任命贝利·萨弗林为海军总指挥。法国还秘密与俄国、奥地利以及西班牙诸国进行磋商，成立了四国同盟。不伦瑞克公爵率领的大军已经抵达荷兰，他派了几名军官前往吉维特进行打探，然后向他报告。后来他说道："如果当时吉维特只有几顶帐篷，他应该不会向前逼近，因为国王不会仅因姐姐的利益而与法国作战。"但是由于他发现那里没有任何戒备，便长驱直入，所到之处无不攻陷，随后攻打了乌得勒支。届时，萨尔姆已被议会任命为总司令，但他只是一个无才、无勇、无道的王子。他或许可以在乌得勒支市维持一段时间，但他尚未开战便弃城而逃，躲躲藏藏了好几个月，大家都不知道他究竟发生了什么。随即，阿姆斯特丹也沦陷了。与此同时，法、俄、奥、西四国正在进行着顺利的谈判，但是他们的密谋被英国驻圣彼得堡大使弗雷泽（Fraser）识破，他立即上报宫廷，并向普鲁士发出警报。国王当即明白了自己的处境，在法国、奥地利和俄国的围攻之下，他惊慌失措，恳求伦敦宫廷不要置他于不顾，还派阿尔文斯莱本前往巴黎讲和，而当时英国则通过多塞特和伊登重新开始和解会谈。大主教闻战色变，宁可弃权投降也不愿武力维权，他热情地迎接了他们，进入了推心置腹的谈判，他们在凡尔赛伪造出一份声明和反声明，送到伦敦请求批准。他们如愿了，声明和反声明得到了批准，27 日下午一点送回了巴黎，当天夜晚就在凡尔赛签署了。据说，被迫签署反声明之时，蒙穆兰侯爵泪流满面，这种丢脸的行为让他无地自容，万分沮丧。就这样，奥兰治亲王东山再起，还登上了王位，爱国党人纷纷逃离，他们全部被革去了官职，很多还遭到了放逐，财产也被没收了。他们在法国得到了庇护，靠奖金维持了一段时间的生计。就这样，由于元首的变节，荷兰从一个光荣而独立的国家沦为英国的一个省份，其总督也从自由共和国第一人的尊贵地位沦落为一个受外权压制的傀儡总督。

第十章　反终身制

我们初次尝试在美国建立一个联邦政府的愿望落空了。独立战争期间，虽然来自外敌的压力使我们凝聚在一起，他们的侵略行径使我们必须时刻保持警惕，大敌当前，人们的昂扬斗志给联邦注入了活力，鼓舞着他们积极主动地奋勇杀敌。然而，战争一结束，大家都忙着私利，无暇响应联邦国会的号召。联邦最致命的缺点就是国会的官员无权直接管制人民。他们只能提出要求，将其反馈给几个立法机关，由他们来执行，国会只能从道义上规劝，不可以施压。实际上，这样一来，国会所提出的每一项举措都会遭到每一个立法机关的否决，这种否决频频发生，以至于联邦政府行动起来极不灵活，目标通常难以实现，尤其是在金钱和外交方面。此外，实践中不能做到立法、行政和司法三权分立也是大有弊端。不过，这对联邦日后的发展有利，人们判断力强、性情良好，一旦察觉到契约有问题，不会靠暴动和内战解决问题，而会一致提议召开制宪会议，和平会谈，制定一部“保证和平、正义、自由，推动共同防御和公共福利”的宪法。

1787年5月25日，制宪会议在费城举行。会议一直闭门进行，所有议程都是保密的，直到9月17日将他们达成的结果一起发布之后才散会。我在11月初的时候收到了一个副本，细细读完所有条款后感觉很满意。当然，没有大会成员和联盟成员同意所有条款，我也一样，对某些条款有异议。例如没有马上发表宣言确保在人身保护令以及陪审团审判民事和刑事案件制度下对宗教自由、媒体自由和个体自由的完全保护，让我有所疑虑。还有关于终身总统重新当选的资格问题，我也非常不赞成。难题在于如何保留好的部分，以及把不好的部分纠正过来。倘若寄希望于新的制宪会议，则有可能全面尽失。我一开始想到的是前九个州无条件接受，最后的四个州有条件接受，前提是某些修正案能够通过。但是一个更好的方案是接受全部条款，相信我们市民良好的判断力和正直的品质会做出必要的更改。最后所有州都同意了，六个州没有反对意见，七个州提出了对具体条款进行修正的建议。这些条款大多是关于新闻、宗教和陪审团，还有其他一些很有价值的建议，但是人身保护令留待国会裁定。有关总统再次参选的资格问题没有在本次大会上提出。

对这个问题的担心是因为总统职位的重要性，还有如果总统可以终身制，在我们中间引发的激烈争论，以及其他国家通过金钱或者武器对我国的总统选举的干涉，因为对他们来说美国总统选举是有利可图的。 这样的例子在历史上比比皆是，比如罗马皇帝的例子，教皇的例子，还有德国皇帝、波兰皇帝以及巴巴里总督的例子。 我也观察了封建历史以及最近的一些例子，特别是荷兰省督的例子，终身职位或者任期很容易沦落成继承制。 所以我希望总统可以参选七年，之后就没有参选资格了。 我认为这个任期足够让总统和立法机关一起建立和实施他认为对公众有益的改进体系。 但是我认为在实践中，任期八年会更好，因为任期有可能在中途中止，这样之前的任期就是一个试用期。 连任的任期应被限制在七年是大会在开始的阶段形成的意见，当时以 8∶2 的投票结果通过了这个任期，并且以简单多数通过决定总统没有资格第二次连任。 这个观点很晚才在 7 月 26 日被大会通过，然后细节被提交给委员会，随后得到了委员会的赞同。 在最后一天经过最终投票修改成了目前的形式。 有三个州对修改表示了反对。 纽约州建议通过一个修正案，规定总统不能当选三次。 而弗吉尼亚和北卡罗来纳州提议在任何十六年任期中，同一位总统不能工作超过八年。 虽然这个修正案没有具体的形式，但是在实践中似乎遵守这一规则。 四位总统在第八年任期结束的时候自愿引退的先例，以及公众日益认为这个原则是有利的，使得这个原则实际上成了一个先例及惯例。因此我相信一旦一位总统想第三次参选，他会因为展示出这种野心而失败。

但是这其中有另外一条我们谁都没有想到的修改，去掉这条修改将会埋伏下一个隐患，而这个隐患会摧毁这样一个有益的结合：为了处理全国性事物而在全国政府里设置的全国性权力，与各州独立处理各自相干事物的权力的结合。英国革命的一个重要收获是之前法官的任命是凭喜好的，革命之后法官的任命是凭个人的端正举止。一个凭借国王的意志而设立的司法机关已经被证实为最能压迫人民的。没有什么比将这个任命变为凭借个人端正举止更值得尊重的，而且个人举止端正与否则取决于两院投票的简单多数原则。在革命之前，我们都是好心的英国辉格党，热忱地相信着他们的自由原则，同时真心地戒备着他们的行政首领。这种戒备在我们所有的州宪法中也是非常明显的。而且，我们的戒备在全国政府这个事例中甚至是超过英国人的小心：在罢免一个法官时，我们要求在两院之一至少得三分之二的票数，而这个票数是几乎不可能获得的，所以只要在有一般偏见和激情的人面前做出来辩护，那我们的法官就能在事实上独立于这个国家。但这是不应该的。我不愿意让他们真正依靠行政权威，正如他们之前在英国做的那样，但我认为他们受到某种实际而公平的控制这一点对于这个政府的持续存在是非常有必要的，而且为使这样的力量做到公平，州和联邦权威混合体是必须的。一个诚实的人被任命为法官是不够的。所有人都知道利益对人心的侵蚀和对一个人的决断的影响。在这个偏见之外，还有他们行会的偏见和他们自己特有的座右铭和信条：一个好的法官是要扩大自己的司法领域的。我们如何能期待他们在全国政府和各州之间做出公正判决呢？前者里这些法官是一个显著部分，后者上这些法官既无所求也无所惧。我们也知道，与近来事例相反，他们习惯于摒弃他们面前的问题，把锚抛在前面，往前紧紧抓住可以攀住的东西，为的是将来权力的扩大。他们事实上就是一支挖坑道和挖矿的队伍，平稳地向着破坏州独立权力的方向工作，以使所有的权力集中在他们占据着重要地位的那个政府手中。但是一个好的政府不是靠权力的集中，而是靠权力的分散。如若这个伟大的国家没有尽早分散为一些州，那么这个国家现在也必须做出这样的划分，使得这些分区只管直接关乎自己的事务，而且管得比一个遥远的权威要来得好。每一个州又被划分为不同的县，每一个县只管在自己本地的事务；县又分成镇或区，为的是管理更小的细节；区又分为农场，每个农场由自己的业主管理。如果华盛顿下令他们什么时候播种什么时候收获，我们很快就会缺面包吃了。正是靠这种管理上的划分，从一般到特殊的划分，我们才能最好地管理海量的人和事物，为的是所有人的好处和繁荣。我重复一遍：我并不是在谴责法官犯了故意的或是恶意的错误，但是诚实的错误必须被抓住，因为对它的宽容将引向公众的毁灭。正如我们为了公众的安全必须把城市的疯子送进疯人院，一个做出错误决策而使我们走向解体的法官也是应该被罢免的。这或许会使他们的名誉或者财产受到损失，但是这拯救了社会，而这是我们国家最首要的和最高的法律。

但是在联邦政府的所有弱点中，没有比从州里拿钱还债或是用来运营政府更为不可能或更让人苦恼的了。有些州贡献多一些，有些州要少些，有些州干脆没有，最终就给了不交钱的理由。亚当斯先生住在海牙的时候，能够凭公信力借来超出正常花销的数目。公债上的利息，以及与欧洲诸国外交关系的维持，向来都是这样借来的。他现在被选为美国副总统，也很快就要回美国了，并且叫一些银行家就他们手头的事务向我请教。但是我没有权力，没有收到指令，也没有方法，对这个事务也不熟悉。本来这个事情一直是他全权管理的，除了偶尔有部分存款在巴黎银行家格兰德先生手中，为的是一些特殊的本地事务的用途。但这些钱用完也有一段时间了，我急切地催财政来重新充实这部分资金，因为格兰德先生现在拒绝做任何垫付。他们坦诚告诉我了，直到新政府开始运营并有时间做出这方面安排，是没有款项能够拨给我的。亚当斯先生是在巴黎与富兰克林博士和我进行谈判事宜的时候被任命为驻伦敦公使的。他从那里前往伦敦，没有返回海牙向那个政府告别。然而他现在认为有必要这么做了，所以就去了。我是从亚当斯夫人寄来的一封信里知道他离开伦敦的，这封信应该是在他到达海牙的当天收到的。与他商量和为未来做准备是必不可少的，既然我们现在还能使用他的能量。他们一走，我手头就没有资源了。我每天都被一个之前借了一笔小贷给美国的公司纠缠不休，这笔贷款的主要部分现在已经到期了。我们在阿姆斯特丹的银行家告诉我我们债务总额的利息在6月就该付了。如果我们付不了这个利息，这将会被看作是破产的行为，将会极大地损害美国的信誉，将来在这里借贷的希望就很渺茫了。他们被授权开放的贷款只有三分之一被付清，所以现在也停止进展了，所以这方面的希望也落空了。我知道时间不等人，知道亚当斯先生的行程后，我在2号一早就出发去了海牙。我走的直线，经过鲁佛、森利斯、洛耶、彭特·圣·马克森斯、波阿·勒·杜克·哥尔内、波洛内、坎希雷、波钱、瓦棱先涅、蒙斯、布鲁克塞尔、马林、安特卫普、摩狄克及鹿特丹，来到海牙。我非常高兴在这里见到了亚当斯先生。他立即赞同我必须采取行动这一想法，而且我们必须冒没有接到命令就行动的风险，这都是为了拯救联邦的信誉。我们预见到，在新政府建立，新的财政系统成立和财政部有钱放在欧洲这边之前，大量的时间已经没有了。所以我们最好立即为1788、1789和1790年做准备，好让这段艰难的日子里我们的政府好过点，政府的信誉不受损害。所以我们出发，经过雷登，在10日抵达阿姆斯特丹。我还特地准备了一份估价单。

根据我的估价单，亚当斯先生印了一千张债券，每张面值一千弗罗林（英国曾通用的二先令银币），他把这些交给了我们的银行家，告诉他们未经国会批准不得擅自发行。之后，他回到了伦敦，我动身前往巴黎，由于没有要务在身，我决定沿着莱茵河岸去斯特拉斯堡，然后再去巴黎。于是我3月30日离开阿姆斯特丹，游览一圈之后，在4月23日到达巴黎。欣慰的是，此行让我们的信誉大大提高，接下来的两年时间里，新政府的日子也大大改观，我们都不用再承受被不断追债之苦，对于债主合理的抱怨，我们确实是无计可施。

1784年，富兰克林博士和法国政府签署了一项领事条约。其中有几个条款有悖于几个州的法律和我们民众的意愿。因此，国会没有批准，将其交还于我，让我把这些条款删除或修改，以使其适应我们的法律。法国大使极不情愿地做出了让步。激烈的讨论过后，条约的内容被修改了很多。1788年11月14日，蒙穆兰伯爵和我共同签署了这项条约，我虽勉为其难，却看在友情的分上照做了。

第十一章　法国革命

从荷兰回来之后，我发现巴黎跟我离开时一样，事态持续发酵。如果在显贵会议结束之际大主教就能立即执行各项措施的话，据说议会就会把所有的内容登记下来。但是他行事太过缓慢，法令提出了一个又一个，间隔时间过长，显贵会议所激起的高涨情绪已渐渐消退，又有各项新的声明提出，还面临着制定新宪法的压力，该宪法不得随着国王的意志而更改。诚然，在暴政和压迫面前，人民理应呼唤彻底的改革，甚至可以把他们昏庸残暴的统治者拉下马来，让他们徒步行走。有关徭役和粮食自由流通的法令第一次呈交给了议会并登记在册，然而随后提出的有关土地税和印花税的内容被议会驳回了，议会建议召开总议会，因为只有总议会才有权处理这个问题。他们的拒绝致使国王亲临国会，而且他们被流放到了特鲁瓦（Troyes），但是他们的拥护者不愿从命，司法行政被迫中止。国会坚持了一段时间，但最终对放逐和远离巴黎境遇感到厌倦，于是有了妥协的想法。因此，他们一同意延长先前的税款，国王就下令将他们从流放地召回，1787年11月19日国王在会上见到他们，承诺在1792年召开总议会，多数与会者同意将一项从1788年到1792年持续年贷的法令予以登记。但是奥尔良公爵提出了异议，其他人也因此萌生了退出的倾向，但国王不顾众人反对，专横地下达命令，一定要登记此项法令，然后愤懑离席。议会当即抗议道，对该法令予以登记的投票未走法律程序，他们无法批准所提出的贷款。这一说法足以使他们颜面尽失，足以挫败他们。随后，又出台一项法令，要成立一个全权法院，在全国范围内暂停国会的一切活动。当然，这项法令遭到了议会所有成员以及各省的反对，国王只得让步，在1788年7月5日下令撤销建立全权法院的决议，并答应在1789年5月1日召开总议会。大主教发现局势不妙，便在1788年9月被提升为红衣主教之后退出内阁，内克尔先生当选为财政部长。这个事件可谓是大快人心，巴黎民众欢呼雀跃，喜不自胜，这激起了市卫队的蛮横镇压，庆祝的人群不肯退去，指挥的军官便下令用刺刀步枪袭击予以惩戒，两三名群众惨遭杀戮，很多人受了伤。虽然民众暂时被驱散了，第二天他们又大批聚集起来，烧毁了十来个警卫室，杀死了两三个卫兵，他们自己也损失了几个人。于此，全市戒备森严，少顷暴乱便得到平息。内阁重组以及尽早召开总议会的承诺使全国趋于平静。但是有两个重大问题出现了。其一，第三等级的代表和贵族及牧师的人数比例应该是多少？其二，参会期间，他们是同处一室还是各处一室？内克尔先生不想自己处理这些棘手的问题，便提议召开第二次显贵会议，征求他们的意见。1788 年 11 月 9 日，第二次显贵会议召开，他们建议效仿 1614 年总议会的形式，分开举行会议，按等级而不是以个人为单位进行投票。这一提议立刻遭到了举国反对，大家认为在数目上，第三级代表应是其他两个等级的总和，议会表示赞成，于是 1788 年 12 月 27 日宣布了这个比例。大约同一天，内克尔先生给国王的报告中包含了其他一些非常重要的让步：1. 国王既不能征收新税，也不能延长旧税；2. 同意定期召开三级会议；3. 就必要的逮捕密令限制问题进行商议；4. 规定新闻界自由的范畴；5. 承认三级会议可以拨用公款；6. 内阁须负责公共开支。这些都是国王心甘情愿做出的让步。他唯一期盼的就是国泰民安，为了达此目的，他不惜牺牲任何个人的利益。但是他思维迟钝、性情怯懦、缺乏判断，而且他意志不够坚定，以至于无法信守承诺。同样，他的王后高傲自大，不容辩驳，完全压制着他。王后周围集结了各大势力，这些人信奉路易十四的那一套原则。在这群人面前，内克尔、蒙穆兰和圣普里斯特虽与国王意见一致，却毫无发言权。早上在他们的建议下做出的决议，晚上就会被王后及其势力推翻。但是这个团伙的阴谋诡计都不会顺利得逞，时不时的偶发事件，虽不因此事而起，却有力地推动着国民齐心协力，迫使政府进行革新，使得他们破坏自由者的反抗行为困难重重。因为，政府连日常生计都难以维系，每天还要支出一百万里弗尔，还被人们追求自由的普遍呼声逼到绝境。"屋漏偏逢连夜雨，船迟又遇打头风。"就在这个时候，国家遭遇了史无前例的酷寒冬天，温度最低至零下50华氏度[①]。户外劳作全部暂停，拿不到工钱的穷人饥寒交迫。政府日益困窘，因为不得不采购大量的木柴，在所有的十字路口点燃，供国民聚集取暖，以免他们被冻死。除此之外，还要买一些面包，每天免费发给饥民，直到气温回升，人们能够继续工作为止，因此，面包的价格高得离谱。面包极度匮乏，于是面包房只能每人提供一点儿，无一例外，即使出钱也不行。富豪们请客吃饭，请帖上提醒客人自带面包。为了帮助大家活下去，富人每周都要捐一些钱，牧师们用这些筹来的钱为穷人买一些营养品，还设计了最经济有效的方案，以便花最少的钱养活最多的人。早先，面包紧缺就初见端倪。蒙穆兰侯爵曾请求我告知美国他们的困境，

---

① 约摄氏零下45度。

还表示从我国买来的粮食，在市场价格之上还会加以补贴。我照办了，我们国家提供了大量的面粉，后来的数据表明，从3月到5月，美国运了将近两万一千桶面粉至法国大西洋港口，这其中还不包括其他港口的输入，以及其他月份的统计。与此同时，我们运往西印度群岛的供给品也帮助他们渡过了难关。就这样，面包危机一直持续到了7月份。

到目前为止，争取政治改革的运动并没有引起大规模的暴力事件。只是偶尔有暴动发生，而有时，在法国不同地方也偶尔会有十几二十人因此而丧生。但在4月份，巴黎发生了一起较为严重的暴乱，虽然跟大革命没有直接关联，但那天发生的事却成了历史的一部分。

圣安托万区是工薪阶层和临时工聚居的地区。在这里流传着一个谣言，说一个名叫莱维隆的造纸商人在多个场合提出工人的日薪应该低于十五苏。这一传言点燃了工人的怒火，在没有证实传言的情况下，他们一股脑涌入了莱维隆家里、工厂里，破坏了能看到的所有东西。直到军队到来都没有停止。人们没有理会军队的警告，军队朝他们射击来控制场面。最终，有一百多名工人在这场暴乱中丧生，其他的人也都被驱散了。

在那个时期，法国基本上每年都会有这样的暴动。而这次暴乱之所以有名，是因为它和大革命处于同时期，却不是大革命引起的。

1789年5月5日，三级会议[①]召开。国王、玉玺掌管人莱蒙恭侬和内克尔先生发表了演讲。而内克尔先生（Mr. Necker）的演讲当中提到宪法改革的内容少之又少，根本无法达到人们的预期。他在演讲中提到的宪法改革部分远没有他之前给国王做的报告完整。

这对他并不利，但考虑到他夹存于宫廷派和内阁之间，这种情况也可以理解。内克尔先生的想法遭到了压制，所以他只能为他的对手发声，为他们做掩护，甚至帮他们保守秘密，完全不能表达自己的态度。

大会的组成形式基本与预期相符，细节上有些许不同。本期望能够通过引入部分贵族阶级成员来提高下议院的文化素质和教育水平。在巴黎及其附近的一些地方和其他几个城市，这样的方式见效了，与这些受过良好教育的社会阶层交往开放了民众的视野，使得他们能够走在时代的前端。而占据议员人数三分之二的贵族则落后于时代，贵族阶级彼此间的世仇，以及顽固不化的封建领主积习一直存在着。

而他们甚至并没有认识到自身与理智和公平之间所存在的不协调的矛盾感。他们愿意接受平等的税收，但是他们不

---

① 三级会议（法文：états généraux；英文：Estates-General 或 States-General）：法国中世纪的等级代表会议。参加者有教士（第一等级）、贵族（第二等级）和市民（第三等级）三个等级的代表，故名三级会议。

愿意放弃特权，与第三阶级的人平起平坐。另一方面，人们认为，拥有大量的财富和人脉关系的高职位的神职人员很容易赢得选举。他们组成了议院，而出身农民家庭的人员则只能做些苦差事，年收入约十、二十、三十卢。而他们的上司则过着奢侈而挥霍无度的生活。

之后最重要的便是找到大会讨论的内容。我觉得了解各个党派的想法是件很有趣的事情，其中尤其有趣的是在政府组织这个话题上占优势的想法。因此，我每天都从巴黎到凡尔赛去听他们辩论，一直到结束。贵族们辩论过程充满了激情，热情洋溢，辩论正反两方都是有雄辩之才的人，且都充满了激情。相比之下，平民的想法则温和许多，大家理性地各持己见。在所有问题之前，最让人头疼的便是，所有人员是要坐在一起开会，还是分开开会？人们按照人头数来投票还是按照上下院来投票？由主教神职人员和三分之二贵族阶级构成的反对派很快就出现了。

而第三等级则团结一致。在正方几次提出的妥协尝试失败之后，平民院决定快刀斩乱麻。6 月 10 日，西耶士（Sieyes），法国最有逻辑头脑的人（《什么是第三等级》[*Qv Cest ce que le tiers etat ?*] 的作者，就像佩恩斯 [Paine]《常识》[*Common Sense*] 对于美国人民的影响一样，这本书曾振奋了整个法国）做了一个令人印象深刻的演讲，他当时邀请神职人员和贵族阶级来参加大厅会议验证权利的范围，无论是集体还是个人。但无论他们来不来，平民院届时都会照常进行权利验证。

6月15日，人们提出应形成国民会议，并于17日，五分之四的人员赞成通过了这一动议。有关这个问题的辩论上，有大约二十个牧师加入进来，所有的神职人员的代表都来参加会议。刚开始这个提案因微弱的劣势被否决了，但是经过修改之后，十一个人投票赞成，于是提案又以微弱的优势被通过了。而这场辩论是在王室不知道的情况下进行的。19日下午，王室在马尔利举行了一场会议，会上有人建议国王应该声明他的态度。

内克尔先生提交了一份宣言，大体上宣布了国王的看法，也责备了贵族们和平民们的冒进，而其中观点则与平民不谋而合。

内阁通过了声明，御前会议定于22日召开，期间国会的所有会议全部暂停。同时，要求此间发生的事情都要对外保密。第二天，也就是20日，成员们像往常一样成群结队回到议院的时候，发现门已经被锁上了，且有侍卫把守着。门口贴着告示：御前会议22日召开，三级会议解散。于是，人们又结队来到网球广场（Jeti de paume），彼此交流后，立场坚定地发誓说他们自己到确立国家宪法之前永不解散。如果被武力解散了，那他们就到别的地方继续集会。21日，他们在圣路易斯教堂集合，多数神职人员也加入了他们的队伍。贵族阶级的首领觉得大势已去。

此时，国王仍然在马尔利（Marly），除了个别亲信之外，没有人能够接近他。他被各种各样谣言所包围了，并相信平民已经通过承诺给部队加薪，鼓动军队放弃效忠于国王。内阁成员既愤怒又绝望，他们强迫国王和内政大臣们组成委员会，并坚持阿图瓦伯爵（Count d'Artois）参加。委员会上，阿图瓦伯爵抨击了内克尔先生，指责他的宣言，并按照他手中准备好的提示提出了他自己的看法。内克尔先生被恐吓威胁，国王也震惊了。

于是，国王决定隔天审议这两份声明，同时，三级会议推迟一天召开。这件事引起了人们对内克尔先生更激烈的攻击。他起草的宣言被彻底推翻，阿图瓦伯爵的宣言则取而代之。内克尔先生和蒙特莫林（Montmorin）提出辞呈，却遭到了拒绝，阿图瓦伯爵告诉内克尔先生："不可以，你必须留下来当人质。你应该为接下来发生的错误事情负责。"这一变故立马传到了外面，贵族们马上欣喜若狂，而平民们则惊慌失措。对于这种状况的出现，我十分警觉。

军队还没有表态，明显，在这种情况下，他们支持的一方将会赢得最后的胜利。我认为，法国政府能够成功改革将会影响到整个欧洲的改革和复兴，而人们获得新生活的希望现在因为政府滥用权力而化为泡影。我个人和集会当中几个爱国领袖有着良好的私交。因为我来自一个刚经历过这些变革的国家，他们非常乐意和我相处，也愿意相信我的判断。于是，我极力劝他们尽快达成妥协，拿到政府现在愿意给的权利，暂时拿不到的以后再说。大家都在这样一个时期，国王一定会答应以下权利：1. 人身保护法下的人身自由；2. 信仰自由；3. 言论自由；4. 陪审团制度；5. 代表制议会；6. 年度议会；7. 制定法律的权力；8. 税务及拨款专有权；9. 内阁责任以及他们为未来改善保护宪法所需的权力。

然而，他们不以为然，事实证明他们确实是错了。因为三十年的内外战争之后，成千上万的人失去了生命，人民生活不幸福。国外势力一次次入侵，他们最终什么都没有得到。他们没有想到（但谁又能预见呢?），出于善意的坚持，最终却换来了非常悲哀的结局。他们也没有想到，专制的统治会让他们去践踏别的国家的独立和自由。他们也没有想到，这成了国王依靠人民是在进行残暴阴谋的例子，导致国王们结成邪恶的联盟，整体的力量可以摧毁为改变不正之风和压迫所做出的努力。

第二天，国王从城堡到国家大厦时，那里居然一片死寂。他大概用了一个小时的时间发表了他的演讲。国王出大厅的时候，外面只有几个小孩子用微弱的声音喊着“国王万岁”。群众都沉默着。演讲结束后，他命令代表们和他同行，并要求他们隔天继续审议。

贵族们跟在他身后，神职人员也紧随其后，而约三十个第三等级的人则留在大厅里，陷入了沉思。他们抗议国王的所作所为，并按照之前的程序，继续进行决议。

一个士兵过来，以国王的名义命令他们离开，米拉博（Mirabeau）说："告诉那些派你来的人，我们如果离开，一定是因为我们自己想离开，要么就拿刀逼着我们离开（武力）。"下午，逐渐开始变得惶恐不安的人们慢慢聚集到了宫殿附近。这给皇室敲了一个警钟。王后派人传唤内克尔先生。内克尔先生出现之后，聚集的群众都欢呼喝彩，声音响彻宫殿。内克尔先生和王后在一起只待了几分钟，两人之间的谈话也是保密的。之后，国王从人群穿过，坐着马车离开。人们没有任何表示，而当内克尔先生出来的时候，人声鼎沸，大家都高呼"内克尔先生万岁，法兰西救世主万岁"。之后，内克尔先生被押送回到家中，他感受到了人们的爱戴，也感受到了人群的焦虑。约有二百位三级会议的代表，趁着人们热情高涨，来到了内克尔先生家里，希望他能够答应不辞职。25 日，有四十八位贵族也加入进来，其中包括了奥尔良公爵（D. of Orleans）。这样，一共有一百六十四位神职人员。

这时仍有一小部分人自称为神职人员议院。26 日，巴黎大主教加入，之后一些神职人员和贵族也一起加入了进来。

这些进程使人们陷入了暴力混乱当中。军队也骚动起来，先是法兰西护卫队，逐渐蔓延到除了瑞士卫队之外的其他军队，包括国王护卫队。他们开始离开军队，以班的形式聚在一起。他们声称会保护国王的性命，但是绝不会残害自己的手足百姓。他们声称自己是国民军队，明确表示如果出现决裂，他们会站在人民这边。全国各地的军队也不断表达了同样的呼声。我们可以相信，如果真的有冲突发生，他们一定会站在他们的父母手足一边，而不是和军队统一。

这个消息在凡尔赛宫里的人看来，突然而又令人震惊。在如此严峻的形势下，27日下午，国王亲自写信给神职人员和贵族院的主席，要求他们立即与第三等级院召开会议。两个院争论不休，直到阿图瓦伯爵（Ct. *de* Artois）的来信使双方妥协。他们来到合议庭，和第三等级议员坐在一起，此后三级会议才算正式召开。

自此，会议进入宪法要点讨论顺序的讨论中，顺序如下：首先，在所有其他事物之前，讨论的是《人权宣言》。内容主要包括了君主制度规范原则、国家权力、国王权力、公民权利、机构及国家会议权力、法律制定必要形式、省市级会议机构和职能、司法机构职责和权限、军队职责和权限。作为首要任务，《人权宣言》由德·拉法叶特伯爵负责起草和提交。

但是很快便有消息传来，打破了这一平静，军队，尤其是外国军队，正从四面八方朝巴黎赶来。可能有别有用心之人建议国王，通过这个方式来维持巴黎的和平。德·布罗利奥将军（The Marshal de Broglio）被任命为军队的统帅，他是个自命不凡的贵族，冷漠刻薄，无所不用其极。

很快，便有法国的侍卫以其他的名义被逮捕了，但实际上是因为他们支持民族事业。巴黎的人民冲进监狱，释放了这些人，并派代表到议会请求赦免。三级会议建议巴黎人民和国王的囚徒保持和平秩序，并要求国王撤掉军队。而国王给的回复却是消极的，他说如果外国军队想要离开的话，他们会撤退到努瓦永或苏瓦松。与此同时，一支将近两三万人的军队也赶到了，驻扎在巴黎和凡尔赛之间。

桥和关口都有士兵把守着，7 月 9 日，下午三点，德·拉·盖拉希尔先生被派去告知内克尔先生被解雇了，并且让他立即离开，不能够告诉任何人。内克尔先生回到家里，向他的夫人提议说去拜访一位朋友，而实际上他们去了他们在盛魁安的乡村别墅里，半夜又辗转去了布鲁塞尔。直到隔天才有人知道这件事情。12 日，整个内阁都已经发生了变化。只有内政部的维里德维尔和司法部长巴亨敦先生保留了自己的职位。变动如下：

德·拉·盖拉希尔日先生（Baron de Breteuil）代替内克尔先生出任审计署长，德·布罗格里奥元帅出任军事部长，弗隆替代普伊西格尔成为他的手下。德·拉·范古裕公爵取代德·蒙特西林伯爵成为外交部长。德·拉·波特先生取代卢塞恩伯爵成为海军部长，而圣普利斯特也被除名。卢塞恩伯爵和普伊西格尔是内阁中的强硬分子，但现在却没有在内阁工作的资格了。国王已经被人控制了，这些人臭名昭著，是完全的土耳其式专制主义者，他们在国王身边，才是执行暴政的元凶。

关于这一变动的消息，下午一两点才传到巴黎。下午，大约有一百名德国骑兵进入巴黎，驻扎在路易十五广场，约二百人的瑞士部队紧随其后。

人们逐渐来到这里，意外发现他们已经被军队包围了。随着人数的增多，人们开始变得愤怒了。他们撤退了几步远，藏身在大大小小的石块后面，这些石块本来将用来在附近建桥。他们站的地方，是我的马车出行必须要经过的地方。我的马车路过的时候，他们给我让开了一条通道。

等我过去之后，他们用石头袭击了骑兵。一方面人们处于有利地势，另一方面倾泻而下的石头攻击使得士兵们不得不撤退，以至于撤出了那个地方。而瑞士士兵，并没有赶来救援。这是后来全面起义的先兆。这支骑兵队，为了避免被杀，最终退回到凡尔赛。

人们在兵器商店买兵器或者从家里找武器武装自己，开始日夜不停地在城市的各个角落漫无目的地巡逻。第二天，也就是 13 日，集会向国王施压要求他遣散这些军队，并允许巴黎的资产阶级武装维护城市秩序，他们愿意派遣一个代表团来安抚民众。但是国王拒绝了他们的提议。人民公开地加入卫队，迫使圣拉扎尔监狱释放所有的囚犯，然后将大量的粮食运向市场。

民众得到了一些武器，法兰西卫队开始训练他们。巴黎城市委员会决定增加四万八千人，或者就将数量维持在四万八千人。14日，他们派出一名成员（德·考尼先生）去残障军人员院，来为资产阶级卫队申请武器，身后跟了一大批人。残障军人院长官则声明，没有得到批准，他是不会发放武器的。

因此，德·考尼先生建议民众先撤下，随后他自己也离开了，但民众却带走了武器。令人惊奇的是，当时残障军人没有做任何抵抗，在约四百码开外约五千人的外国军队也没有任何反应。德·考尼先生还有其他五人被派去向巴士底狱的长官德·劳内先生索要武器。他们到达时发现一批人已经在那里等着了，他们举起了休战旗，巴士底狱的人举起了投降旗作回应。于是，代表团劝人们向后撤退，自己则去跟长官谈，就在这时，巴士底狱士兵开枪射杀了离代表团最近的四个人。之后代表团便离开了，德·考尼先生回到家的时候，我恰好在他家，因此听他说了一些期间发生的事情。代表团离开之后，民众很快冲垮了防御工事，而之前这个由一百多士兵把守的地方，即便在多次被包围的情况下也没有沦陷过。民众到底是怎么做到的，这件事便不得而知了。

他们缴了士兵的械，释放了囚犯。愤怒爆发时，人们并没有在第一时间杀死这些士兵，而是将巴士底狱的总督和副总督拉到了格雷夫广场（Place de Grave），那是处决犯人的地方，砍下了他们头颅。之后带着胜利的喜悦，游街到达了王宫。与此同时，商业局长德·弗莱赛特的通敌叛国信被发现了，人们在维丽酒店抓住了他，之后将他处决了。

大会接连派遣两个代表团到国王那里，这些事件陆陆续续传到了凡尔赛，但由于国王斩钉截铁的拒绝，还没有人被允许过告诉他巴黎正在发生的事情。到了晚上，德·联考特公爵闯进了国王的寝宫，强制性地详细地告诉了国王在巴黎发生的所有事情。国王万分恐惧。德·劳内被斩首处决这件事情，对整个贵族阶级来讲，影响都是深远的。以至于，第二天早上，有影响力的人示意阿图瓦伯爵国王应该把权力全部转交给国会。

于是，国王约十一点钟出发，只有他的兄弟陪伴着他，到达国家会议并发表了一个演讲。在演讲当中，他要求国家会议对于时事的介入，从而重新建立秩序。

尽管演讲措辞严谨，但在言行中也透露出了投降的意味。随后，在会议代表的陪同之下，他回到了宫殿里。他们派了一个代表团平息巴黎的事态，以德·拉法叶特伯爵为首，当天早晨，他被任命为资产阶级武装的总指挥官，而议会前主席则被任命为商业局长。巴士底狱的拆毁工作已经开始了，温特米尔的一支瑞士护卫队和城市骑兵队则加入了人民的队伍。凡尔赛宫的戒备更加森严，外国军队也受命撤回，各部部长也相继辞职。国王批准拜利担任商业部长，并写信给内克尔先生，并在议会公开了他的回信，并由他们传达，邀请他们第二天跟他一起到巴黎部署事宜。

当晚，直到第二天早晨，阿图瓦伯爵、他的副手梦特森先生、波利格纳克夫人、谷切夫人、德凡德而伯爵，还有王后的亲信福梦特神父、孔德王子以及波旁公爵都逃跑了。

国王来到巴黎，王后因担心国王是否能回来而惊慌失措。队列当中除了那几个无关紧要的人外，国王的马车在中间，议会的人员在两边步行，首领是德·拉法叶特公爵，他骑着马，前后都有资产阶级卫队的士兵。

将近有六万民众，以各种形式全副武装，武器从巴士底狱和残障军人处取得，他们持手枪、剑、长矛、钩子大刀等在游行道路的两旁。街道旁围观的人们，从房屋门口和窗户里透出脑袋观望的人们都高呼“国家万岁，国家万岁”，却没有一个声音喊“国王万岁”。国王来到维利酒店，拜利先生把徽章别在了自己的帽子上并发表了演说。事情发生得出乎意料，国王并没有做任何准备，因此没有做任何回应。拜利到国王身边，把国王的只言片语拼凑起来，并以国王的名义向民众做出了回应。他们回去的时候，民众开始叫喊：“国王万岁，国家万岁。”国王在资产阶级护卫队的护送之下回到了凡尔赛宫。

现在国王成了国家会议手中的一个失去了主动权的机器。 如果只有他一个人的话，或许他很乐意接受那些有利于国家的谏言。 并且已经制定出了开明的宪法，他本人也可以成为宪法规定下的世袭制的元首，拥有至高无上的权力，而这些权力既对他有利，又能够约束他不滥用权力。

他应该能够严格地执行这些权力，在我看来，他个人期望得到的也不过如此。 但是，他的王后却比他强势太多，与他摇摆、胆小的心性以及其他性格截然相反。 这一方面，正如修辞家伯克在赞美词中俗气的描述，带有一点点聪明的感觉，却没有任何实际意义，王后傲慢、无理，把所有阻碍她意愿的事物都看作是障碍。 她沉迷于享乐，执迷于欲望，扫除一切障碍。 王后无节制地赌博，与阿图瓦伯爵和她的小亲信团体整日花天酒地，异常奢靡。 这是国库财富被耗尽的一个根源，也是国家改革的导火索。 当然，她反对改革，她的固执和无知无畏的精神把自己送上了断头台。 她鼓动国王和她一起把世界变得充满了罪行和灾难，这必然将成为人类现代史当中无法抹去的污点。 我一直相信，要不是王后，根本不会有革命发生，根本不会有武力冲突。 国王可以和他的谋臣共进退，这些人都颇具长者智慧，他们的愿望就是能够稳步地推进社会各项制度的制定。 对于这些结束君主统治的事情，我既不赞成也不谴责。 我也不准备说，一个国家的首领不可以背叛他的国家，一个人犯了错不应该接受惩罚。

也不想说，如果没有成文法，没有仲裁法庭，我们内心就不会有公允，手中不会有权力来矫枉过正。那些评判国王的人，那些认为国王故意犯罪的人，他们认为国王的存在会让国家陷入无尽的冲突当中，因为其他的王族后裔会要发动战争，以便于他们回归自己的祖国；他们认为只有国王死了问题才能得到解决。我并不赞成立法机构当中的这些人的想法。我认为应该把王后禁闭在修道院里，剥夺她的权力免得她作恶，恢复国王的统治地位，我真实地相信在这样的条件下，国王一定会按照他理解的程度，老实地行使他的权力。这样的话权力不会出现空白，也就不会造成武力篡夺权力局面的出现，也就不会造成国家混乱，生灵涂炭。历史上国家道德彻底沦丧的事情共发生过三次：第一次是亚历山大继承者所处的时代，第二次是凯撒大帝继承者所处的时代，第三次就是我们所处的时代。从波兰分裂开始，到《皮尔尼茨宣言》，再到哥本哈根的武装冲突。接着是用火和剑毁灭世界的波拿巴的罪孽。

现在又是因为国王们的阴谋，他们自称为“神圣同盟”。他们沿着那些被禁闭的领袖的脚步，尽管没有公开篡夺其他国家的政权，但却已经用军队公然控制其他国家。看似是在维护秩序，却策划着进一步的篡权。现在言归正传，及时预期这样一个让我反复思考的问题，即为什么犯罪的热情总是拒绝避免能够让自己摆脱一直以来所遭受痛苦的可能。

在收到国王的书信之前，内克尔先生就已经到达巴塞尔。信中国王邀请内克尔先生官复原职，看到信，他立马回去任职。由于之前其他所有部长都已经辞职了，因此，内克尔先生组建了新的班子。圣普利斯特和蒙特莫林官复原职；波尔多大主教为司法部长，拉·图尔·杜·平为军事部长，拉·卢塞恩为海军部长。最后一个任命据说是因为蒙特兰林的关系，虽然他们政见不同，但友谊却坚固，卢塞恩虽然不是一个能干的人，但却诚实忠厚。包沃亲王也加入了议会。

七位有王室血统的亲王，六位前部长，还有很多高级贵族，都逃跑了，现任部长除了卢塞恩都是爱国党人，所以政府各个职能部门都可以和谐相处。8月4日晚上，在拉法叶特妹夫德·诺埃勒子爵的提议下，国民议会废除了等级制度、封建特权、什一税、神职人员补贴税及地方特权。总之，会议废除了一切封建制度。

西哀士神甫极力反对免除什一税，但并没有人注意他有见解有逻辑的争辩。他只顾自己利益而并非多数人的利益的行为与议会其他成员慷慨放弃既得利益的行为形成了鲜明的对比。革除沿袭下来的滥用权力的条例，改为现在法律花费了几天时间。其中有很多细节需要协调，之后形成框架，直到获得了绝大多数的赞成。完成之后，他们任命了一个委员会着手准备《独立宣言》。委员会首席是波尔多主教。他在7月20日写信给我，邀请我去协助他们的审议工作。而我则找借口推掉了这件事，因为我的职责限于与我的国家有关的事务，而不能干涉他国的事务，我只可以做我所承担的特定角色的工作。

他们按照步骤讨论制定宪法的计划，在委员会的许可之下，不时向议会汇报进度。首先是政府的构成，委员会一致认为应该保留三个部门，即行政、立法和司法机关。

但当他们讨论到次要问题的时候，不同的意见开始发生了冲突，委员会也因此分成了不同的派别。大家讨论的第一个问题即应不应该保留国王的存在，关于这个问题没有公然反对的意见，且人们认为法兰西应该保留君主世袭制度。其次，国王对于立法有否决权吗？否决权是一票否决还是有待商榷的呢？立法院应该有两个院还是只设立一个院呢？如果设立两个院，其中一个是世袭制还是终身制或者是人民选举制？对于这些问题，大家都持有不同的意见，尤其对于爱国党人来说，反叛情绪更突出。贵族阶级坚持应该保留古老的体制，或者最接近古老体制的制度。因此他们一致行动，主张不变或少变的人因此占了上风。因此，新宪法制定工作让人担忧，而由于这些分歧，正直的爱国党人担心不已。有一天，我收到了德·拉法叶耶特伯爵的来信，他希望隔天能够在我住的地方举办一个六人或八人晚宴。我立马表示欢迎。当天来访的包括：德·拉法叶特伯爵本人、杜伯特、巴纳夫、亚历山大·拉米斯、布拉空、莫尼埃、茂波格和达高特。

他们都是正直的爱国党人，只是持有不同的意见，他们彼此相识，但并不害怕互相吐露心声，而这点也正是他们进行选举的关键基础。侯爵邀请了人们来参加会议，也规定了时间，但这些却让我有点为难，因为这有违美国惯例。用餐结束，桌布被撤下摆放好酒品之后，侯爵介绍议会目标、国民议会的形势、宪法改革原则以及必然产生的结果，会议一直讨论到爱国党人之间达成一致意见。侯爵承认尽管他有自己的意见，但是为了与朋友们在共同事业上保持一致，他愿意做出自我牺牲，也必须使得他们的意见达成一致。否则，贵族阶级将会夺走一切。因此，他们达成的一致意见，就是他在国会当中要坚持的立场。他们的讨论从下午四点一直持续到了晚上十点。期间，我见证了这一场冷静而坦诚的争论，这样的讨论在政治观点冲突的情况下是很少见的。辩论中，大家的语言虽然没有过多的修饰，但却充满思辨的逻辑，各自都有自己的道理。这场辩论，就像是色诺芬、柏拉图、西塞罗等不同时代的人在对话一样，非常精彩。

辩论结果是他们达成协议，认为国王在法律制定当中应该有否决权。立法机关只能由一个院构成，并由人民选举产生。这个协议基本决定了宪法的命运。爱国党人团结在确立的基础之上，最终使得每一个问题对他们来讲都是有利的，将贵族阶级摆在了可有可无的境地。 现在轮到我来为自己开脱了。 第二天我拜访了蒙特莫林伯爵，我向他解释了为什么这样一个性质的会议会在我的家里举行。 他告诉我，他其实早就知道这些事情，他对于这场会议在我的住所召开并不生气，反而恳切地希望我能够协助协调会议，他认为我有能力促成一场切合实际的改革。 我告诉他，我清楚地知道自己的职责所在，明白我对国王，对法兰西，对我的国家和人民负有怎样的责任。 我会以一个中立的旁观者的身份，密切关注事态发展，希望这些措施能够为法兰西带来益处。 对于蒙特莫林伯爵事先知晓并暗地同意会议的召开这件事我丝毫不怀疑，他从爱国党人处得到通知，且受到爱国党人的信任。 作为一名正直的爱国人士，他希望宪法改革能够朝好的方向发展。 到此为止，我和法兰西革命的关系基本上就是我所描述的了，似乎我的描述细节过于繁多了。

但是我同时以为这些赘述是合理的，因为全世界都对法兰西革命充满了兴趣。 到目前为止，这仅仅是法国大革命的第一章，美国发出的对人权的呼吁在法国受到了欢迎，法国成了欧洲大陆上第一个争取人权的国家。 从法国开始，这种精神才逐渐传播到了南方的一些国家。 北方的一些暴君尝试联合打压，但这种精神是不可抵抗的。 暴君的反对只会造成数以百万计的人民受到伤害，但其他国家会抓住这种精神，人类文明将会因此而进步。 事情因果发生得总是这么不可思议，谁也未曾想到一开始由偏远地区对茶叶收取的二分的不正当税收，会导致生活在这片土地上的一切都发生如此大的变化。 我对这些事情细节的描述是因为我恰好处在了一个有利的能够看到事实的位置上。 我受到了爱国党领袖的信任，与他们保持了亲密的友谊，尤其是拉法叶特伯爵，他对我信任、坦诚。 也正因为这样，我从中学会了用正确的态度看待各种不同的观点和政党的行为。 在巴黎与欧洲各国驻巴黎外交使节交往的这段时期，他们与王室的交往，对议会及进行事务的信息的渴求，这都是我对于法国革命认知信息的来源。 而我通常又会即刻把我所知道的信息记录下来，给杰伊先生或给我的朋友们写信，而这些信件也成了保证我的回忆不是错误的保证。

在我退出之后，就没有再获取相关的信息。 一年多以来，我一直希望能够回家一趟，将我的女儿介绍到社交领域，好让她们的朋友们相互照顾，然后再赶回巴黎工作。 但政府当时正处于从胚胎到成熟的转型期，每一个方面的反应都特别缓慢。 直到 1789 年 8 月，我才收到同意申请回国的批复。 在我离开这个伟大而美好的国家之前，我需要表达一下对这个国家拥有的杰出品质的感受。 我从来不知道友谊可以如此温暖如此诚挚。 他们的善良和对陌生人的热情周到是无与伦比的，而巴黎的好客程度也远远超出我的想象。 他们在科学方面取得的杰出成果，科学家的研究精神，以及他们礼貌的行为举止，文雅的谈吐，使得这个城市有着别的地方无法比拟的魅力。 与其他国家相比，我们有萨拉米战役后迪米斯托利克那样优秀的统帅，我们的国民也充满了无畏的勇气。 如果要问我，在这个世界上我最希望居住在哪个国家，那答案一定是有我朋友家人的地方，他们身边承载了我最初最甜蜜的回忆。 而第二个选择呢？ 则一定是法国。

第十二章　任国务卿

1789年9月26日，我离开巴黎前往勒阿弗尔，因为逆风的关系，直到10月8日才启程。8日、9日，我横渡海峡到达考斯，之前我预订了“克莱蒙特号”，考勒船长来接我。但我们再次遭遇了逆风，直到22日，风向改变之后我们才起航，11月23日到达诺福克。回家的途中，我经过切斯特菲尔德的阿平顿，寄住在我的朋友阿平斯先生家里。在那里，我收到了华盛顿总统的特快信件，才知道我已经被任命为国务卿。收到这封信却让我觉得有一丝遗憾，因为我期盼着能返回巴黎，在那我把家里一切都安置好了，对我来说，我希望能够见证法国革命的结束，预期一年内就能完成吧。而现在，我本来打算返回美国，退出政治生活，投入到我梦想的生活，回到家人和朋友的怀抱，之后做一些适合我的研究工作。

12 月 15 日，我给总统回信，在信中解释了我的想法，告诉他我更愿意返回巴黎。但，我也向他保证，如果政府需要我，我会毫不犹豫地摒弃个人意愿，立即返程。我把这个决定权交给了总统先生。12 月 23 日，我到达蒙蒂塞洛，这时我收到了总统先生的回信，他坚持希望我能够接受任命，但如果我不愿接受，他会保留我原有的职位。

总统先生如此体谅，让我消退了先前的一丝不甘，于是，我接受了国务卿这一职务。我在家期间，我的大女儿嫁给了伦道夫家族图卡豪家的长子，他是一个有才华的年轻绅士，热爱科学，受人尊敬。他后来加入了所在州的议会，非常受认可。1790 年 3 月 1 日，我离开了蒙迪塞洛，之后前往纽约。到费城，我专门拜访了敬爱的富兰克林博士。那时候，他正卧床养病，后来一病不起。富兰克林博士，在法国有很多的朋友，现在法国动乱不安，他格外担心朋友的前途和命运。知道我刚从法国回来，他不断地询问那里的情况，得到了满意的答案之后才停顿休息了一下。之后，我告诉他，知道他回到美国之后一直在准备自传，我因为这件事特别为他高兴。“我不能说太多，”他说，“但是我可以给你一个我写的文稿的样本。”他指示站在旁边的小孙子（威廉·巴彻）从桌子上递给他一份文件。富兰克林博士把它递给我，让我休闲时间读一读。手稿写在对开的纸上，字迹大而潦草，一看就是富兰克林博士的风格。

我大致浏览了一下，合上手稿，告诉他我会好好拜读，之后再完好地把手稿还给他。他躺着说道：“不用还回来，你留着就好。”我又看了看，小心翼翼地把它折好放进我的口袋中，再次表示，我一定会完整奉还。富兰克林博士坚持说：“不用，你留着就好。”过了一会儿，我起身告退。

4月17日，富兰克林博士辞世。据我所知，他将所有的文稿都留给了他的孙子威廉·邓普尔·富兰克林，于是我写信给他，告诉他我手中的那篇文稿。当时我认为那是富兰克林博士的财产，如果他需要，我会毫不犹豫地还给他。小富兰克林收到信件之后很快便来纽约找我，于是我将文稿还给了他。他把文稿放进口袋里，顺口说了一句他已经有原件还是抄本了，我记不起他说的是哪一句。那时候，我才突然明白，富兰克林博士希望我把这个文稿当作机密保存在我手里，但没想我却错误地归还了。

直到现在，我都还没有看已经出版的富兰克林博士的文集，也无法知晓那篇文稿是否包含其中。那篇文章记录了富兰克林博士和英国外交官谈判的内容和过程。那时候，他正在为避免之后的武装斗争而做努力，豪勋爵和他的妹妹，也就是豪女士都参与其中。也有可能我记错了她的称谓。

豪勋爵似乎对美国非常友好，也格外担心双边关系破裂。他与富兰克林博士的私交以及他在外交部当中的地位促使他担当斡旋谈判的重任，而他的妹妹似乎也参与其中。经过反反复复的谈判和交涉，他们从中得出了一些意见，也达成了共识：为了维护两国和平往来，双方都需要做出一些牺牲。我还记得那时候诺斯伯爵的态度非常强硬，根本就不关心结局是否会导致双方关系破裂，他最后毫不妥协地对调解人说：“英国不祈求避免这场叛乱，战利品可以供养他们很多朋友。”调解人把这样的措辞告诉了富兰克林博士，可以看出，妥协根本无望，谈判被迫终止。如果这一部分没有出现在出版的文稿当中，那么这部分事迹被什么取代了呢？我亲手把这篇文稿交给了邓普尔·富兰克林。文中清楚说明了英国政府的残暴，如果美国屈服了，那才会付出更巨大的代价。而富兰克林博士的孙子邓普尔真的是阻碍其祖父千古流芳事迹被世人知道的帮凶么？

自图书出版之后，这种怀疑已经持续了二十年之久，如果到最后，那部分内容还是没出版的话，我相信，这种质疑将会一直存在。

3 月 21 日，我到达纽约，国会正在开会。

第二部分 附录

《独立宣言》

在人类历史的发展进程中，一个民族发展到一定时期时，必然会与另外一个民族切断某种政治联系而独立存在。这时，这个国家会在世界各国之间依照自然法则，并按照上帝的旨意接受其独立而平等的地位。出于对人类舆论的尊重，在这里应该公布我们被迫独立的原因。

我们认为有些真理是不证自明的：人人生而平等；每个人都拥有造物者赋予的生而具有的不可分割的权利，其中包括了生命权、自由权以及追寻幸福的权利。为了保护这些权利，人们设立政府，政府的权力来自人民；而当政府不能够履行职责时，人民有权利改变或废除它，来缔造新的政府。在此种原则之上建立政府，以这样的形式组织权力，对人民来讲，是最能影响他们的安全和幸福感的。

当然，出于审慎，人们不会为了微小的、短暂的原因而去改变设立已久的政府；按照以往的经历，人们在遭受到痛苦的时候，只要还能够忍受就不会去改变，只要还能够忍受，就不会废除他们已习惯了的这种政治形式。

但是，当一个政府一直滥用权力，掠夺人民，且一直以此目标来统治人民，企图将人民置于绝对专制主义之下时，人民就有权利也有义务推翻政府，从而为未来的安全建立新的保障。因此，现在就是我们这些习惯了逆来顺受的殖民地的子民们跟以前的政治制度决裂的时候了。

现任英国国王的执政史可以说是不断伤害和掠夺人民的历史。这段历史中，毫无例外，所有的行动都是为了实现国王对这些地方绝对统治的暴政。为了证明所言属实，现在将下列事实公布于众，我们起誓，其中绝对没有污蔑与不实。

国王拒绝批准那些符合公众利益，切合公众需求的法律。他阻止总督批准那些迫切且极为重要的法律，又或者将这些法律搁置直到他同意为止，当然事后他根本再也不会理睬这些法律。他拒绝批准安置广大地区人们的法律，除非这些人放弃他们在立法中的政治权利，放弃这种对人民来说具有无法估量价值的权利，放弃掉这种只有暴君才会恐惧的权利。

他总是让立法机构在环境恶劣的、遥远的公共档案库当中开会，这样做的目的是让他们疲于奔波而屈服于他的指挥。

他不断地解散代表会议，因为这些人会刚强不屈地反对他侵犯人民权利的政策。议会解散之后很长时间里，他都拒绝另外选举新的议会，因为重新选举就意味着人民手中重新拥有了不可剥夺的立法权，这样国王就可能会陷入一个内忧外患的境地。

他竭力抑制各州的人口数量，为了达到这样的目的，他不允许外国人入籍法的通过，以此来打击移民。同时，他增加新的土地分配法令的限制条例。他拒绝批准设置司法权力机关的法案，以此来阻挠司法工作，有些州完全没有自己的立法权。

他利用任期长短和工资高低挟持法官依赖、听命于他。他乱用权力，在各个地方滥设官职，并派遣官吏骚扰民众，刮取民脂民膏。

他在和平时期，不经立法机构的同意便让战争时期的军队和军舰驻扎于人民当中。军队在他的带领之下独立于民事权利之外，甚至高于民事权利。

他联合外人，要我们屈服于那些与我们的宪法格格不入且不被我们法律承认的司法管辖之下。他批准那些私自炮制的法案，以满足以下目的：派驻大批军队来压制人民，设置模拟法庭，假装审讯来包庇他们，使得他们杀害我们的民众后仍能够逍遥法外；他切断我们与外界的贸易，并没有征求我们的同意就向我们征税；剥夺我们享有的陪审团的权利；编织莫须有的罪名，将我们运到海外去受审；在临近地区废除保障自由的英国法律，建立专制的政府；不断扩大疆界，让它快速地成为一个范例和工具，以便将专制统治引用到这些州来。 他取消我们的宪章，废除对我们来讲最有价值的法律，从根本上改变了政府形式；他关闭了我们的立法机关，并声称他有权力建立一切法律。 他宣布我们不在其保护范围，并对我们发动了战争。 撤销了总督，并宣布我们脱离了英联邦的保护。

他掠夺我们的船舶，骚扰沿海地区，焚烧我们的城镇，残害我们同胞的生命。

此刻，他正调遣大量外籍雇佣兵，要对我们展开杀戮。他用专制统治，使得到处都充满残暴和背信弃义。 他完全不配做一个文明国家的领袖。

他强迫我们那些在公海被俘虏的同胞从军，反对自己的国家，变成杀害他们亲朋好友的刽子手，或者使他们死在自己同胞的手下。

他竭力挑唆那些残忍的印第安人来侵犯边疆的居民。 而印第安人最出名的作战律令便是无论男女老少都格杀勿论。他通过没收我们的财产，来诱惑我们的同胞，以此来引起内乱。

他向人性发起战争，侵犯与他不相干的人最神圣的生命和自由的权利，捕捉并将人们当奴隶贩卖到另一个半球，导致他们在运输途中的死亡。这海盗般的行径，这耻辱的异端战争，正是由大不列颠王国的基督教国王发动的。他滥用否决权，打压所有尝试禁止或限制不道德贸易展开的立法的产生，目的就是为了保持一个人口买卖市场的开放。

那些恐怖的组织也没有想过高贵的死亡，国王因看到我们当中那些曾经谋杀其他受压迫的人们揭竿而起，追求被他剥夺了的自由，而兴奋异常，因为他可以利用这些人来对抗我们。

在他对我们施加压迫的每一个阶段，我们都曾用谦卑的语句来呼求改革，然而，我们的诉求却每每以受到进一步的伤害而收场。

一个由每次的行为可以看出他定会成为暴君的王子，不适合做一个自由民族的统治者。未来的人们恐怕不会相信，在短短的十二年内，一个人会变得如此冒进，这样毫不掩饰地对一个本应享有自由的国家实施暴政。

我们对于我们的英国兄弟们也是有顾念的，我们曾一次次警告他们不要将他们的立法权横加到我们各个州上来。我们曾提醒他们我们在此生活和生存的实际情况，没有人会允许如此怪异的局面，用我们的生命鲜血和财富去换取英国的财富和国力：在创建我们的政府时，我们已经接受了一个共同的国王，因此与他们保持着友好的接触，但屈服于他们的议会却并非我们政权基础的一部分，我们也从未考虑过这样一种情况。我们曾尽最大的力量向他们的正义感和侠义精神呼吁（我们也曾用我们同文同种的同胞之情向他们恳切陈词），要求取消那些倒行逆施的暴政，因为那些保证可能（必将）使我们之前的情感联系和友谊破裂。

可他们却对我们真切的正义的呼吁置若罔闻。他们拥有过很多机会，能够通过正常的法律程序解决那些破坏我们之间和谐关系的因素，他们却通过自由选举，重新发布议案等方式，使自己重新当权。他们不仅允许自己的元首是与我们血脉相连的人与我们作战，还利用苏格兰和其他国外势力来践踏我们的领土。这些事情彻底粉碎了我们本来就岌岌可危的感情，人性的精神要求我们必须摆脱这种无情的枷锁。我们需要做的就是尽可能忘却我们对他们的爱意，像对待其他民族一样对待他们。战争当中是仇敌，和平中是朋友。我们本应同为一个自由而伟大的民族，但是这种庄严而自由的交流似乎有辱他们的尊严。既然这样，那就这样吧，我们也没有别的选择。通往幸福和荣耀的路就在我们眼前。我们会和他们分离，独自前行。（因此，我们必须）承认和他们永久分离的必要性（对待他们就好像对待其他民族一样，在战场上为敌人，在和平时期为朋友）。

因此，我们这些集合在大陆议会的代表们，将以美利坚合众国善良人民的名义和权利，解除同英国国王的一切关系，以及国王将来可能宣称拥有的所有关系。

最终，我们切断了我们与大英帝国之间的政治联系，在此之前，这种联系一直存在于我们与英国人民或议会之间。终于，我们提出并宣布这些殖民地独立，作为独立的国家而存在，他们有权力发动战争，维护和平，也有权力缔结盟友，开展商业活动以及其他所有的独立的国家能够展开的活动。为了拥护这项宣言，我们怀着深信神明福佑的信心，在此谨以我们的生命、财产和我们神圣的荣誉起誓。（所以，我们这些集合在大陆会议的美利坚合众国的代表们，呼吁世间最高裁判，来裁定我们请愿的正义性。我们以殖民地善良人民的名义和权利庄严地宣布：这些殖民地从此将名正言顺地以独立国家的形式存在。解除了一切与英王的隶属关系，废除一切政治联系，作为独立自主的合众国，它完全享有权利宣战、缔和，也有权力缔结盟友，开展商业活动以及其他所有的独立的国家能够展开的活动。对于此项宣言，我们怀着深信神明福佑的信心，我们用我们的性命、财产和神圣的荣誉起誓。）

《独立宣言》签署人名单

五十六名签署宣言的与会代表及其所代表的殖民州

新罕布什尔：

乔塞亚·巴特利特、威廉·惠普尔、马修·桑顿马萨诸塞：

约翰·汉考克、塞缪尔·亚当斯、罗伯特·垂特·潘恩、埃尔布里奇·格里

罗得岛州：

斯蒂芬·霍普金斯、威廉·埃勒里

康涅狄格州：

罗杰·谢尔曼、塞缪尔·亨廷顿、威廉·威廉姆斯、奥利弗·沃尔科特

纽约州：

威廉·弗洛伊德、菲利普·利文斯顿、弗朗西斯·刘易斯、刘易斯·莫里斯

新泽西州：

理查德·斯托克顿、约翰·威瑟斯彭、弗朗西斯·霍普金森、约翰·哈特、亚伯拉罕·克拉克

宾夕法尼亚州：

罗伯特·莫斯利、本杰明·拉什、本杰明·富兰克林、约翰·莫顿、乔治·克莱默、詹姆斯·史密斯、乔治·泰勒、詹姆斯·威尔逊、乔治·罗斯

特拉华州：

西泽·罗德尼、乔治·里德、托马斯·麦卡基恩

马里兰州：

塞缪尔·蔡斯、威廉·帕卡、托马斯·斯通、查尔斯·

卡罗

弗吉尼亚州：

乔治·威思、理查德·亨利·李、托马斯·杰斐逊、本杰明·哈里森、小托马斯·纳尔逊、弗朗西斯·来特福特·李、卡特·布拉克斯顿

北卡罗来纳州：

威廉·霍普、约瑟夫·休斯、约恩·佩恩

南卡罗来纳州：

爱德华·特拉利奇、托马斯·海沃德、小托马斯·林奇、亚瑟·米德尔顿

佐治亚州：

巴顿·格威内特、莱曼·霍尔、乔治·沃尔顿

《英属美利坚权利概观》

议决：

这是发给来自英属美利坚其他诸州代表们和一同出席国家会议的本州的代表们的训令，建议他们向陛下提出一个请愿书，恳请许可在作为不列颠帝国的元首，即国王陛下的面前，向陛下申述美利坚的臣民共同的怨情；怨情主要是由帝国的立法机关，对于美利坚各州申请得到上帝与法律平等地、独立地赋予一切相关人权，而这种权利却多次不可原谅地被侵犯和剥夺而引起的。谨向陛下表示：个别州时常恭顺地向陛下申请，希望通过他的干预去补救他们受侵害的权利，但是陛下对于这些申请一次都不屑予以答复；我们谦逊地希望这份用真诚的语言书写的联合请愿能得到陛下更有礼貌的采纳。为了彰显态度，请愿书里没有那些让陛下认为我们是在乞求恩赐，而不是要求权利的奴颜婢膝的措辞。陛下应该知道我们有理由期待这一点的。如果他仔细想一想，他自己本质上是按照法律委派的，受权力制约的，协助庞大的政府机器运转的服务于人民的主要官员。而政府机器是为了人民使用而建立起来的，从而受他们的监督。而为了使得陛下更充分了解我们的这些权利，以及它们之受到侵犯，有必要从这些国家的起源和第一批殖民情况来考察它们。

必须使他知道我们的祖先，在他们移民来美之前，是欧洲英国领土上的自由居民，并且享有自然赋予一切人的离开自己的国家（他之生活在这个国家不是出于自己的选择，而是由于偶然的机会）和寻求新的住处并且在那里建立新社会（其法律和规章在他们看来最能促进公众幸福）的权利。他们的撒克逊祖先在这个普遍的法则下，以同样的方式离开了他们的北欧故乡的原野森林，占有了人烟稀少的不列颠岛，并且在那里建立了长期以来就是那个国家的光荣和保障的法律体系。他们所离开的那个母国也从没有向他们提出恢复对他们的统治的要求；而假如提出这样一个要求，相信陛下在大不列颠的臣民，由于坚信自己的权利来自祖先，也不会使他们国家的主权在这样虚幻的要求面前低头。

我们认为没有发生任何情况足以使得从英国迁移与撒克逊迁移有什么重要区别。美洲之被征服，居留地之建立、巩固和确立，靠的是个人，而不是英国。在争取供他们居留的土地时，他们流了自己的血，为了在那里安居乐业，他们耗尽了他们的财产；他们是为自己而战，为自己而征服，而且只有为了他们自己，他们才有权利保留。

在很久以前，亦即在殖民地已经建立了稳定的、永久的立脚点之前，陛下或他的祖先的公家财库没有拿出一个先令的钱去帮助他们。到这个时候，它已经在商业上对英国很有价值了，于是他的议长才高兴向他们提供援助以反对一个敌人，因为这个敌人会把商业利益据为己有，这既可以提高自己的地位又不会构成威胁。这样的援助，他们以前曾时常提供给葡萄牙，以及与之有贸易往来的其他同盟国家；然而这些国家从未认为由于得到它的帮助，他们就应该向它的主权屈服。假如提出这样的要求，他们也会以鄙夷的态度予以拒绝，并且期待他们的敌人缓和下来，或者依赖自己的力量奋发图强。但是，我们并不想低估那些援助，因为毫无疑问，不管以什么原则给予这种援助，那些援助对我们很有价值；但是我们会表明：这些援助并不能使得英国议会有资格对我们擅用权威，我们可以靠被授予英国居民以对他们有利的同时对我们自己不过分限制的独占的贸易上的特权来报答这些援助。居留地既然这样在美洲原野建立起来，移民们认为自己应该采用他们过去在母国生活下的那套法律体系，并且继续与它联合；拥戴一个共同君主，这位君主因而也就成为联结帝国的不同部分的核心。

但是，不管他们认为自己如何远离压迫者，他们之被容许安然保有靠牺牲他们的生命和财产而取得的权利，这个期限并不会长久。一个君主的家庭当时占据英国王位，他们犯了背叛人民的罪行；后来他们向人民行使了原来为了极端必要的案件而保留在人民手中的神圣的、最高的惩罚权力，这些权力按照宪法来判断委托给任何其他法官都是不安全的。既然在大洋彼岸每天都出现某种新的和无理的，对他们的臣民行使权力的事例，那么在这里，我们就很难期待我们会幸免于这种迫害，因为在那个时候我们反对暴政的阴谋的能力要小得多。

于是，那个靠个别冒险家们的生命、劳动和财产而取得的国家，有好几次被这些君主们分割出去，分配给宠臣及财产的跟踵者，并且单独凭借国王僭越的权力成立了不同的和独立的政府；人们相信陛下的谨慎和理解力会阻止他今大米取同样的举措，因为尽管英格兰现在是一个古老国家，在陛下的英格兰王国领域内从来没有行使过划分和分割国土的行为。而且这个措施在那里或陛下的帝国境内任何其他地区，都不能被认为是合理的或者被默认。

美利坚殖民地人民作为自然权利而行使的与世界上一切地区进行自由贸易的权利（这个权利他们自己的法律从来也没有取消或剥夺过）成为被不正当地侵犯的下一个目标。某些殖民地认为自己应该以查理一世国王陛下的名义，在他的权威下继续管理他们的政府，查理一世虽然被英吉利共和国废黜，但是继续被他们奉为他们国家的君主；共和国的议会把这个做法当作是严重犯罪行为，于是便擅自行使权力，禁止他们与除了大不列颠之外世界其他一切地区进行贸易。但是，这个独断的法令，不久就被撤销了。1651 年 3 月 12 日在上述共和国外交代表与弗吉尼亚殖民地下院之间缔结的庄严条约（第 8 条）明确规定：他们应该享有“和英国人民一样的，与一切地区、一切国家进行自由贸易的权利”。但是查理二世国王陛下复辟后，他们的自由贸易权利再一次成为专断权力的牺牲品；按照他在位时的几项法令，以及他的继承者的某些法令，殖民地的贸易被置于这样严厉的限制之下，以致如果它的不受限制的权力允许统治这些州的话，他们还能对于英国议会的正义抱什么希望呢。历史曾告诉我们，人民的机关，和个人一样，都容易染上暴政的精神。看一看英国议会管制（他们是这样做作地称呼的）美利坚贸易的这些法令，如果一切其他证据都被排除，这个评述的真实性不言而喻。除了对我们出口进口的货物征收的税额之外，他们还禁止我们到西班牙王国的芬斯蒂尔岬以北的市场去售卖英国不愿意从我们这里购买的商品，或者购买它不能供应我们的其他商品，而这样做，不外是为了达到为他们自己购买（靠牺牲我们的权利和利益）与一个同盟国家的贸易中的某些特权的武断的目的。而那个同盟国家由于确信他们与美利坚的独占贸易将继续下去，在英国议会的原则和权力没有变化的期间，纵情地抬高价位，这也是他们的贪婪和我们的需要所决定的。抬高了美利坚所需求的商品的价格，价格高至两三倍，而同时我们运到那里去的商品的卖价比我们在更为方便的港口的卖价要少得多。

这些法令禁止我们为了寻找其他购买者而把供应英国的消费后我们剩下来的过剩烟草运走；所以我们必须把它们留在英国商人那里，以便由他们重新装上船运到外国市场，卖得好价钱，从中获利。为了益发加深英国议会公正的观念，并且为了表明在他们感到自己没有影响力的地方他们行使权力是多么有节制，请原谅我们要向陛下谈一谈英国议会的某些其他法令，根据这些法令他们会禁止我们在我们自己的土地上用我们自己的劳动制造供我们自己使用的商品。根据已故国王陛下乔治二世在位第五年通过的一项法令，一个美利坚臣民被禁止用在他自己的土地上取得的毛皮为自己制帽；这是英国历史上最专制的时代都无法与之相匹敌的暴政的例子。根据他在位第二十三年通过的另一项法令，我们被禁止用我们生产出来的铁来制造铁器，尽管这个商品很重，而且在农业的每一个部门都很需要，我们必须把铁运到英国出卖，这样一来我们除了支付手续费及保险费之外，还要支出运费，在英国制成铁器运回美利坚，我们要再付一次运费，英国的目的不是为了养活英国的人，而是为了养活机器。我们也应当以同样的、平等的、公平的立法精神来观察他在位的第五年通过的议会的法案。根据此项法案，美利坚的土地必须被用来满足英国债权人的要求，而他们自己的土地继续不能用以抵偿他们的债务。从这里必然得出一个结论：要么在美利坚和在英国，正义不一样，要么英国议会对这里的关切比对那里的关切更少。但是，我们向陛下指出这些法令的不公正，并不打算把它们的无效归因于那个原则，而是为了表明，经验进一步证实了那些使我们不受英国议会的管辖的政治原则的正当性。我们宣布这些法令无效时所依靠的真实的根据是，英国议会没有对我们行使权力的权利。行使这些篡夺的权力，并不限于和他们自己有利害关系的事例，它们也干预殖民地的内部事务的管理。安妮女王在位第九年为在美利坚建立邮政局而颁布的法令，似乎与英国的方便无任何关系，无非是为了迁就陛下的大臣及宠臣们，供他们有机会出售有利可图的、舒适的官职。

这样，我们匆忙地简述了陛下即位前的几位君主在位时期的情况，但是那个时期对我们权利的侵犯还不甚令人吃惊，因为，那个时期对于我们的侵犯只是经过较长时间才重复一次，而现在则这种侵犯却接连发生，而且来得鲁莽，这正是现在与美利坚历史的一切其他时期不同的地方。我们刚从英国议会给我们的打击所造成的惊恐中恢复过来，另一个更为沉重的、更为令人惊慌的打击就落在我们身上。单独的暴虐行动可以归咎于一天的偶然的想法；但是开始于一个异乎寻常的时期，而接着又为历届内阁一成不变地加以推行的一系列压迫政策，明显地证明有一个奴役我们的处心积虑的和一贯的计划。

陛下在位第四年通过《一项许可在美利坚的英属殖民地征税的法案》，在位第五年通过的《在美利坚的英属殖民地认可实行某些印花税及其赋税的法案》，在位第六年通过的《关于更好地保证陛下在美利坚的殖民地对于英国国王及议会的依附的法案》，及在位第七年通过《对纸、茶等征税的一个法案》，构成议会篡权的互相关联的链条，它们已经是屡次向陛下及英国的上、下两院请愿的主题，而其中任何一次请愿都没有得到答复，我们将不重复它们的内容，以免打搅陛下。但是在陛下在位第七年通过的另一项法案，由于有一个特殊的企图，必须予以特别注意；它标题为《中止纽约立法机关活动的一项法案》。这里，一个自由而独立的立法机关竟敢大胆地中止另一个和它自己一样自由而独立的立法机关的权力；这样就显示出在自然界不为人知的现象，造物者和以它自己的力量创造出的创造物。在陛下的臣民这里能够被说服相信他们的政治存在取决于英国议会的意志之前，必须放弃常规的原则以及人性的共同的感情。难道凭他们从未见过，从未加以信赖，而且从未对之行使惩罚或免职权（即使他们对美利坚公众犯的罪行很大）的一个机构发出一句专横傲慢的话，这些政府就必须被解散，他们的财产就必须被消灭，他们的人民就必须被降低到自然状态吗？大不列颠岛上的十六万选民为美利坚诸州的四百万居民制定法律，而美利坚的每一个人在道德上、理解力上及体力上都与英国的每个人相等，难道这有理可喻吗？如果我们容许他们这样做，而不是把我们自己看作是一个自由的人民（如我们过去一直认为，而且想继续认为的那样），我们就会突然被断定为奴隶，而且不是一个人的，而是十六万个暴君的奴隶，与一切其他奴隶不同的是，他们有一个使他们远离恐惧的独特环境，这个独特环境是他们可以压住一个暴君之手的唯一的制约力量。

按照英国议会最后一次会议通过的《一项以在那里谈到的那种方式及时停止在北美马萨诸塞省波士顿市和港口内卸下和装上货物、商品的法令》；一个大而人口众多的，以贸易为唯一的生存手段的城市被剥夺了贸易权，因而陷入毁灭。让我们暂时把权力的问题搁置不论，为的是按照正义的原则检查这个法案：一项议会的法案被通过，它向茶叶征税，在美利坚支付，美利坚人对此法案提出抗议，认为它没有权威性。 东印度公司到那时为止从未依靠自己运一磅茶叶到美利坚去，现在则利用这个时机出来以议会权力的维护者自居，派遣许多船只装载着那个讨厌的货物到那里去。 但是，他们的某些船只的船长在到达美利坚之后，聪明地注意到当地人的告诫，便载着船货返航。只是在新英格兰，人民的告诫未受重视，在当地人民等待许多天以后，船长断然拒绝服从这个告诫。在这里，是由于船长个人顽固呢，还是由于他服从上级的训令？让了解内情的人说吧，这个非常的形势要求非常的干涉。被激怒的人民，感到本身有力量，所以并不是很容易守规矩的。有众多的人云集在波士顿市，把茶叶抛入大海，然后散去，而没有做出其他暴力行动。如果在这一点上他们做了错事的话.他们是服从国家法律的，他们向来都没有在任何事例中背离他们的行为正轨而支持公众罪犯。因此，在这个重要时刻他们不应该受到猜疑。但是，那个不幸的殖民地过去在反对斯图亚特王朝的行动中是很大胆的，而现在却听任那个支配着这个伟大的帝国重大事务的看不见的手把自己推向毁灭。依据少数不足取的大臣的侍从们（他们经常性的职务便是使政府陷于混乱，并且靠他们的叛卖行为希望获得英国的骑士爵位）的不公正的陈述，而不召请被控告的一方，不要求证据，不对罪和非罪加以区别，于是整个那个古老的富裕的城市，在一刹那之间就从富有降到乞丐的地位。那些把自己的一生用于扩展英国贸易上面，把靠正直的努力而赢得的财富投到那个地方去的人们，发现他们自己和他们的家人立刻被抛进靠英国的施舍而生活的世界。那个城市的居民中不到百分之一的人与被抱怨的行动有关系；他们中的许多人在英国和海外其他地方；然而到当时为止尚未被听说过的一个新的行政权力，英国议会的行政权力，把他们所有的人，不分青红皂白，都推入毁灭。价值多少百万的财产，为了报复（而不是为了赔偿）几千的损失，而被牺牲了。这真是用残暴手段执行法律！而什么时候这个暴风雨才能被制止住呢？两个码头在陛下认为适当的时候可以再度开放。排列在波士顿湾的广阔海岸上的废材，正在永远阻断贸易的进行。插进这个小小的例外，似乎不外是为了授予陛下以立法权树立一个先例。如果人民的脉搏在这个实验下平静地跳动的话，将进行一次又一次的实验，一直到暴政措施填满时为止。说什么做出这个例外是为了恢复那个大城市的商业，就是对于常识的侮辱。仅仅两个码头所无法容纳的贸易必然地被转移到其他某个地方；而这个地方不久也会像那两个码头那样，其所容纳不了的贸易又被转移到其他某地。用这个眼光来考虑，那将是对于波士顿的灭绝的一个蛮横无礼的、残忍的嘲笑。

根据在议会上次会议中所通过的关于镇压波士顿市的暴动和骚乱的法案，在那个地方犯的谋杀罪，如果总督喜欢，要在大不列颠岛上的高等法院受审，由米德尔塞克斯的陪审团审理。证人在接到总督认为他们应该花费的那么多的金额后，要出庭具结。易言之，这就是强迫他们具结，而具结的程度则取决于总督的意愿；因为，陛下想一想，谁能够单单为了作证的目的被劝服横渡大西洋？是的，他的费用可以按照总督估计的数额由公家负担；但是应该由谁去赡养他留下的妻和儿女？因为他的妻和儿女除了靠他每天劳动外，没有其他维生之道。那些流行病，在一个外国水土上是可怕的，这些病的医疗费应该算在费用的项目里，而他们的危险应该由全能的议会的力量加以防止吗？而那个可怜的罪犯，如果他偶然是在美利坚这一边犯的罪，被剥夺由他邻居的贵族审判的特权，远离了能够得到充分的证据的唯一的地方，没有钱，没有辩护人，没有朋友，没有证明无罪的证据，在存心想判他有罪的法官面前受审，容忍一个同胞被强制从他们的社会夺走，使他成为英国议会暴政的牺牲品，就是懦夫，他们应该蒙受与这个法案的制定者相同的永恒的耻辱。一项目的相同的条款被引进于陛下在位十二年通过的，标题为保存陛下的船坞、仓库、船只、弹药及补给品的法案里，这个条款也应当受到相同的谴责，殖民地已经对它提出抗议。

这些便是与我们的宪法不相干的，不为我们的法律所承认的一个由人民组成的机构靠它所僭越的权力所通过的法案，我们就是代表英属美利坚的居民作出这个庄严的、坚决的抗议的；我们认真恳求陛下，仍然作为英帝国的各个国家之间的唯一的仲裁力量，劝说他的英国议会撤销这些法案，因为这些法案，不管如何无效，仍会是我们之间进一步不满和猜忌的原因。

其次，我们要考虑作为这些国家法律的执行权力的拥有者的陛下的行为，并且指出他是如何偏离职责：根据英国宪法以及美利坚各州的宪法，陛下拥有否决立法机关的另外两个部门已经通过的法案的权力。但是陛下和他的祖先意识到用他们单个的意见去反对议会两院的联合的智慧（当他们的行动是公正的，不受利害关系影响的时候），是不合适的，因此过去有好几个时代都谦虚地在他的帝国内称之为大不列颠的地方拒绝行使这个权力。但是由于环境变化，不公正的原则露骨地影响了他们的决定；新的国家之加入英帝国，造成了新的，有时是相反的利益的增加。因此现在陛下的重大职责便是重新行使他的否决权，并且防止帝国的任何一个立法机关通过足以损害另一个立法机关的权力和利益的法律。但是，这不能成为陛下蛮横地对于美利坚立法机关的法律行使这个权力的理由。由于最微不足道的理由，有时根本没有什么可以想得到的理由，陛下就拒绝了最有益的法律。在殖民地初创时期就不幸地引进奴隶制度的殖民地上废除本地奴隶制度，是人们的最大愿望。但是，在释放我们手中的奴隶以前，有必要禁止从非洲来的一切奴隶进口；然而我们靠禁令来实现这个目的的再三的努力以及寓禁于税的办法，到现在为止都被陛下的否决所击败；这样照顾了少数非洲海盗的直接利益，而损害了美利坚诸州的长远利益，人性的利益。而且，一个有利害关系的个人的违法的干预行为几乎没有不成功的，尽管在相反的天平盘上放着整个国家的利益。 这是为了其他目的而对于委托给陛下的权力的可耻滥用，而如果不加以改革，也需要在法律上予以某种限制。

我的奋斗：富兰克林自传

[美国] 本杰明·富兰克林 著 屈帮亚 译

他生活的时代和国家中最伟大和最出色的人。

资本主义精神最完美的代表。

瞧，这个人：尼采自传

[德国] 尼 采 著 李子叶 陈永红 译

在他生活的年代能够理解他的人寥寥无几。

他奉献给人类的不只是一种新的哲学，还是一种新的信仰、新的希望、新的宗教。

我毕生的故事：乔治·桑自传

[法国] 乔治·桑 著 甘 露 译

她是一系列艳史与风流韵事的女主角，更是为自由和权利奋斗终生的斗士。

在雨果眼里，唯独她是他们那个时代“伟大的女性”。

上天赐给我一颗多情的心：卢梭自传

[法国] 让-雅克·卢梭 著 杜佳芮 译

一部最活生生的个性解放宣言书。

“法国大革命之父”。生前遭人唾弃，死后却受人膜拜。

追寻内心的旅程：罗曼·罗兰自传

[法国] 罗曼·罗兰 著 徐 岚 译

我们这个时代再也难以找到的理想主义者和英雄主义者，他的生命轨迹其实毫不逊色于他笔下的众多英雄人物。

遭遇这些事的人是我：茨威格自传

[奥地利] 斯蒂芬·茨威格　著　马卓　译

回眸昨日的世界，见证失落的欧洲文明。

深入人类的苦难和灵魂，触摸历史的焦灼和隐痛。

暴君垮台以后：赫德逊自传

[英国] 威廉·亨利·赫德逊　著　曹卓彧　译

自然主义文学必读书目。迷恋自然，回归荒野。

震撼人心的广漠与荒凉，如诗如画的倩影与柔情。

从自然界永恒的宁静中发现内心的风暴，发现远方和往昔。

把一个产品做到极致：福特自传

[美国] 福特　著　王海颖　译

他是“汽车大王”。

他开启了世界汽车工业革命，把汽车从少数人的奢侈品变成大众消费品。

他创立的大规模标准化生产方式、“高工资+高福利＝低成本”经营理念，被称为“福特主义”。

“福特T型车”从构想到畅销，启发了乔布斯的超级产品思想。

只要天没塌，一切都会好的：钢铁大王卡内基自传

[美国] 卡内基　著　郑娟娟　译

从周薪2.5美元的小信差起步，成长为美国“钢铁大王”。

他的前半生，靠超人的洞见，积累起巨大的财富；

他的后半生，将个人财富捐献社会，建造公共图书馆、博物馆、音乐厅。

丑小鸭就是我：安徒生自传

[丹麦] 安徒生　著　杨 灿　译

一个没受过正规教育的穷鞋匠的儿子，成长为举世闻名的童话大王。

面对挫折，坚持不懈自我激励；

一生坎坷，却把欢乐洒向人间。

他写了很多童话，他的一生就是一个童话。

从解梦开始：荣格自传

[瑞士] 荣 格　著　林 妙　译

他是弗洛伊德认可的弟子。弗洛伊德曾把他定为精神分析运动的法定继承人。

他跟大卫·梭罗一样，崇尚自然生活，晚年在苏黎世湖边的塔楼离群索居，独自探索内心。

如果说，弗洛伊德是心理学界的哥白尼，那么，荣格就是新大陆的发现者——哥伦布。

敬畏生命：史怀哲自传

[法国]史怀哲　著　杨 巍　译

他是二十世纪人类良知的代表，和平之子，“非洲圣人”。

1952年获得诺贝尔和平奖。

了不起的通才：在哲学、医学、神学、音乐四种不同领域，成就卓著。

38岁起赴非洲志愿行医，创办丛林诊所，直至去世。

老兵不死：麦克阿瑟回忆录

[美国]麦克阿瑟　著　梁颂宇　译

他是美国历史上最年轻的准将、西点军校最年轻的校长、最年轻的陆军参谋长。

澳大利亚的保卫者，菲律宾的解放者，日本的征服者。

老兵永不死，只是渐凋零。

永不屈服：丘吉尔自传

[英]温斯顿·丘吉尔　著　丁晓花　译

原名《我的早年生活》，是英国首相、政治家丘吉尔的自传；
从“笨学生”到英国首相，一代传奇英雄的奋斗之路；
英国《卫报》50部最佳非虚构作品之一。

当旧制度遇上大革命：托克维尔回忆录

[法]温托克维尔　著　杨　巍　译

法国革命的见证者，激变时代的民主先知，政治社会学的奠基人；
十九世纪最伟大的回忆录之一，理解《旧制度与大革命》重要参考书；
珍贵的历史记录，深邃的政治思考。一部超越了个人回忆录的经典名著。